W0002085

MAGISCHE ORTE

HERAUSGEGEBEN VON
PETER PACHNICKE UND WOLFGANG VOLZ

KLARTEXT

INHALT

Leihgeber

Hiroshima Peace Memorial Museum

Staatliche Museen zu Berlin, Gipsformerei

Stiftung Ruhr Museum, Essen

Hessisches Landesmuseum, Darmstadt

Museum für Naturkunde, Dortmund

Fuhlrott-Museum, Wuppertal

Niedersächsisches Landesmuseum, Hannover

Bundesstadt Bonn, Amt für Stadtgrün

Rossittis Naturstein-Import, Holzwickede

Prof. h.c. Dr. Ing. Hermann-Dieter Koehne

Privatsammlung Mathias Piecha, Krefeld

6 _ GELEITWORTE

9 _ ZUR AUSSTELLUNG „MAGISCHE ORTE"

12 _ DYNAMIK DER ERDE

30 _ DAS WASSER DES LEBENS

38 _ DIE NATUR SPRICHT IN VIELEN FARBEN

64 _ HEILIGE BERGE

72 _ DAS ANTLITZ DER GÖTTER

84 _ TEMPEL DER GÖTTER

98 _ SELBSTVERHERRLICHUNG DES MENSCHEN

104 _ DER GRIFF NACH DEM HIMMEL

116 _ MONUMENTE DER ERINNERUNG

124 _ PARADIESGÄRTEN

136 _ EIN BAUM – DER BAUM

141 _ EIN MAGISCHER ORT

143 _ BAUMRIESEN DER TROPISCHEN REGENWÄLDER

145 _ DER KREISLAUF DER GESTEINE

146 _ BILDLEGENDEN

168 _ IMPRESSUM

GELEITWORTE

Ab und an passiert es selbst einem langjährigen Tourismus-Manager, nach einem langen Tag am Schreibtisch und in Meetings zu vergessen, wie wundervoll und faszinierend unser Globus ist: Naturschönheiten, Kulturvielfalt, Artenreichtum, Baukunstwerke. Der Besuch des Gasometers bringt schnelle Abhilfe. Die Ausstellung „Magische Orte" hätte für mich auch „Magische Urlaubsorte" heißen können, denn schöner und spektakulärer kann man Reiseziele nicht präsentieren. Wer diese Ausstellung gesehen hat, den werden unweigerlich die Neugier und das Fernweh packen. Aus TUI-Sicht ist die Ausstellung ein Kulturereignis auf höchstem Niveau. Unser Engagement im Bereich Kultursponsoring ist hier Herzensangelegenheit.

Viele der einzigartigen Kulturstätten und Naturgebiete, die in der Ausstellung „Magische Orte" im Gasometer Oberhausen gezeigt werden, stehen unter dem Schutz der UNESCO und sind gleichzeitig in den Reiseprogrammen der TUI zu finden. Sie bleiben dadurch nicht nur der Nachwelt erhalten, sondern geben den Menschen eindrucksvolle Einblicke in die Bedeutung überlieferter Kulturen und die Vielfalt der Natur. Die Welterbestätten profitieren finanziell vom Besuch der Touristen, sie bleiben den Urlaubern aber auch als erhaltens- und schützenswert in Erinnerung. Der Tourismus erzielt somit in der Öffentlichkeit ein größeres Verständnis für den Erhalt des Weltkulturerbes.

Obwohl der organisierte Tourismus im Vergleich zu anderen Branchen noch relativ jung ist, hat er sich weltweit zu einer der wichtigsten und am stärksten expandierenden Wirtschaftsformen entwickelt. Studien belegen zudem, dass Tourismus einen entscheidenden Beitrag zur Entwicklungshilfe und Wertschöpfung in den Urlaubsländern leistet. Uns als Reiseveranstalter fällt dabei eine besondere Rolle zu: Wir verbinden Orte miteinander. Wir bringen Menschen zu Menschen. Wir initiieren Erlebnisse. Dazu kaufen wir Flüge, Hotelleistungen, Transfers, Sport-, Wellness- und Ausflugsleistungen ein. Wir schnüren Reisepakete vom fröhlichen Strandurlaub über interessante City-Trips und Rundreisen bis hin zu anspruchsvollen Studienreisen. Obwohl Tourismus global ist, muss er stets lokal umgesetzt werden. Das heißt, dass wir als Dienstleister das Bindeglied zwischen den Reiseländern und den Reisenden sind. In dieser Funktion müssen wir nicht nur Kompetenz, sondern auch Verantwortung beweisen. Vor einigen Jahren sprachen wir an dieser Stelle in der Regel über Umweltschutz. Diese Thematik hat sich in der Folge schnell um soziale und kulturelle Aspekte erweitert. Wir sprechen heute von „Gesellschaftlicher Verantwortung" oder „Corporate Social Responsibility", die aus den drei Säulen Ökonomie, Ökologie und Sozialverantwortung besteht. Im Sinne einer verantwortlichen Unternehmenspolitik sind wir in der Pflicht, nicht nur auftauchende Problemfelder zur Kenntnis zu nehmen, sondern uns im Sinne einer positiven Entwicklung einzubringen.

Für die TUI ist nachhaltiges wirtschaftliches, ökologisches und soziales Handeln ein unverzichtbares Element der unternehmerischen Kultur. Eine intakte Umwelt und die kulturelle Vielfalt sind die Existenzgrundlage der Reiseindustrie und die Voraussetzung für ein gelungenes Urlaubserlebnis. Sie gilt es um ihrer selbst willen und zur langfristigen wirtschaftlichen Sicherung des Reisegeschäfts zu bewahren und zu fördern. Wir stellen uns dieser Verantwortung.

DR. VOLKER BÖTTCHER
CEO TUI Deutschland GmbH

Was verbindet die Pyramiden Ägyptens mit dem Tadsch Mahal in Indien, das niederländisch-deutsche Wattenmeer mit dem Großen Barriere-Riff in Australien oder die Inka-Festung Machu Picchu mit dem Grand Canyon? Es sind Zeugnisse vergangener Kulturen, künstlerische Meisterwerke und einzigartige Naturlandschaften, deren Untergang ein unersetzlicher Verlust für die gesamte Menschheit wäre. Sie zu schützen, liegt nicht allein in der Verantwortung eines einzelnen Staates, sondern ist Aufgabe der Völkergemeinschaft.

Die UNESCO hat 1972 das „Übereinkommen zum Schutz des Kultur- und Naturerbes der Welt" – kurz Welterbekonvention – verabschiedet. Inzwischen haben 187 Staaten das Übereinkommen unterzeichnet. Grundgedanke der Welterbekonvention ist, dass herausragende Kultur- und Naturstätten dieser Erde Schätze von universeller Bedeutung sind, auf die die Menschheit als Ganzes einen Anspruch hat. Sie gehören nicht dem Ort, dem Volk oder der Nation allein, der sie aufgrund ihrer Lage oder Geschichte zufallen. Der Verlust einer einzigen Stätte ist ein Verlust für alle Kulturen der Erde.

Auf der Grundlage eines universellen Erbebegriffes sind die kooperierenden Staaten bereit, das Eigene in eine Reihe zu stellen mit dem Fremden, und diesem die Anerkennung zukommen zu lassen, aus der sich letztlich auch der Stolz auf das Eigene nährt. Je bedeutender ein Gut ist, umso universeller ist seine Gültigkeit. Hier liegt der eigentliche Kern des Welterbe-Übereinkommens.

Die Welterbekonvention ist die bisher größte Erfolgsgeschichte der kulturellen Zusammenarbeit zwischen den Völkern dieser Erde. Seit über 30 Jahren wirkt Deutschland an ihrer erfolgreichen Umsetzung mit. Mit 33 Kultur- und Naturerbestätten sind wir weit überdurchschnittlich auf der Welterbeliste vertreten. Die deutschen Stätten vermitteln die Vielfalt und Einzigartigkeit der über 900 Welterbestätten weltweit. Gemeinsam bilden sie ein globales und von Jahr zu Jahr engmaschiger werdendes Netz.

Dieses einzigartige Zeugnis der Menschheitsgeschichte gilt es weltweit bekannt zu machen. Die Ausstellung „Magische Orte" ist hierzu ein Meilenstein. Sie unterstützt die Deutsche UNESCO-Kommission in ihrem Bemühen, die Faszination vergangener Kulturen, künstlerischer Meisterwerke und einzigartiger Naturlandschaften zu vermitteln und das Bewusstsein für den Schutz des Welterbes zu schärfen. „Magische Orte" beleuchtet die Stätten nicht nur in ihrer Schönheit, sondern macht sie auch als jene Orte erlebbar, in denen sich die gewaltigen Energien der Natur- und Menschheitsgeschichte verkörpern. Diese Ausstellung ist selbst ein magischer Ort. Es ist uns daher ein besonderes Anliegen, diese Ausstellung zu unterstützen.

Ich wünsche allen Besucherinnen und Besuchern spannende Einblicke in die eindrucksvolle Natur- und Menschheitsgeschichte unserer Erde!

DR. ROLAND BERNECKER

Generalsekretär der Deutschen UNESCO-Kommission

8_9

ZUR AUSSTELLUNG

Sieben Weltwunder kannte die Antike, mehr als neunhundert Welterbestätten zählt heute die UNESCO: Meisterwerke der Baukunst des Menschen und überwältigende Monumente der Natur.

Diese Ausstellung heißt „Magische Orte", weil sie uns bedeutende Natur- und Kulturmonumente in ihrer Schönheit und Erhabenheit als jene Orte erlebbar macht, in denen sich die gewaltigen Energien der Natur- und Menschheitsgeschichte verkörpern. Indem wir in die faszinierende Welt der Berge, Wüsten, Flüsse und Wälder, der Pyramiden, Tempel, Gärten, Kathedralen und Wolkenkratzer eintreten, hören wir ihre Geschichten – denn jeder dieser Orte erzählt seine eigenen Mythen und Legenden. „Magische Orte" sind Kultstätten der Erinnerung.

„Magische Orte" versucht zum ersten Mal, die Weltwunder der Natur und der Menschheit auf einer Augenhöhe als gleichermaßen bedeutende und miteinander verbundene Schöpfungen unserer Erde in einer Ausstellung erlebbar zu machen. Mit „Magische Orte" beendet der Gasometer Oberhausen die Ausstellungstrilogie über die Schönheit und Erhabenheit der Erde, die mit „Das Auge des Himmels" und „Sternstunden – Wunder des Sonnensystems" begann. Wie in diesen Ausstellungen durchdringen sich auch in „Magische Orte" kulturgeschichtliche, naturwissenschaftliche und künstlerische Sichtweisen. Sie regen dadurch gleichermaßen das Denken und die Sinne, das Sehvergnügen und die Erkenntnislust an.

Die Ausstellung beginnt im Unterscheibenbereich des Gasometers mit großformatigen Fotografien und originalen naturgeschichtlichen Objekten. Sie zeigen die Naturkräfte, die in einer Milliarden Jahre dauernden Evolution unsere Erde in einen Planeten des Lebens verwandelt haben. Auf der zweiten Ausstellungsebene führen uns die Bilder und meisterhaften Kopien bedeutender Werke der Kunstgeschichte zu den einzigartigen Kulturstätten der Menschheit. Für den Luftraum des Gasometers schuf Wolfgang Volz einen 43 Meter hohen Regenwaldbaum. Die Licht- und Klanggestalt dieser monumentalen

Skulptur verwandelt den Gasometer in eine „Kathedrale der Natur", die man als ein Symbol der Schönheit, Fruchtbarkeit und Verletzbarkeit der Natur mit allen Sinnen erlebt.

„Magische Orte" ist eine Hymne auf die Schönheit und Erhabenheit der Erde. In einer Zeit, in der der Mensch den Reichtum und die Vielfalt des Lebens zu zerstören droht, singt diese Ausstellung ein Hohelied auf die schöpferischen Kräfte unseres Planeten. Sie klagt nicht an und ergeht sich nicht in düsteren Prognosen. Sie führt uns vielmehr die Vielfalt des Lebens so schön und kostbar vor Augen, dass jeder begreift: Wir müssen all unsere Kräfte dafür einsetzen, dass der aus der Schöpferkraft der Erde gewachsene Reichtum niemals vergeht.

Die Ausstellung „Magische Orte" ist der Arbeit der UNESCO gewidmet, das Welterbe der Natur und Kultur zu bewahren.

PETER PACHNICKE, WOLFGANG VOLZ

„Versucht man die Geschichte der Erde und des Lebens als ein Buch aus 1.000 DIN A4-Seiten darzustellen, entspricht jede Seite einem Abschnitt von 4,5 Millionen Jahren. Beschreibt man so ein Blatt mit 40 Zeilen zu je 60 Buchstaben, finden 2.400 Buchstaben auf einer Seite Platz – jeder einzelne Buchstabe steht somit für 1.875 Jahre. In diesem hypothetischen Buch würde sich der Eintrag für den mit 4,2 Milliarden Jahren ältesten bisher entdeckten Kristall auf Seite 67 finden, die ältesten Lebewesen auf Seite 155, die Entstehung der Steinkohle erst auf Seite 934, der letzte Dinosaurier auf Seite 985, der Mensch in seiner heutigen Erscheinungsform gar erst auf Seite 1.000 in der vorletzten, der 39. Zeile." (Udo Scheer)

DYNAMIK DER ERDE

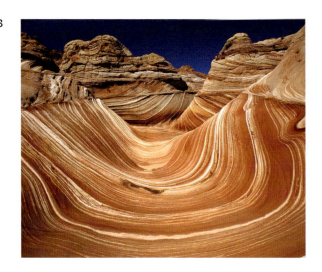

Zart und verletzbar ist die Atmosphäre der Erde. Nur wenige Kilometer stark, umschließt sie unseren blauen Planeten wie eine kostbare Hülle. Die Mythen der Urzeit erzählen, wie in der Atmosphäre die elementaren Naturgewalten im Kampf miteinander den Reichtum und die Vielfalt der Erde schufen. Die Bilder zeigen uns die Gewalt und die Schönheit der Kräfte der Natur und führen uns an die Orte, an denen man den schöpferischen Kreislauf der Natur wahrnehmen kann.

Wenn zwischen Erdplatten riesige Mengen Magma nach oben drängen, teilt sich die Erde, und es entsteht ein neuer Ozean. Wo die Erdplatten aufeinander stoßen, falten sie sich zu gewaltigen Gebirgen auf. Aber auch die majestätisch anmutenden Felsmassive sind nicht von Dauer. Kaum entstanden, bewirken die Kräfte des Windes, des Wassers und der Temperatur deren Verwitterung und Erosion. Sie höhlen, zernagen und spalten das Gestein, sprengen und zermahlen es und führen es über den Sturz der Bäche und den Strom der Flüsse zum Meer, wo es in die Tiefe absinkt und unter Druck und Hitze in Millionen Jahren neue Gesteinsformationen bildet, die durch tektonische Verschiebungen der Erdkruste wieder zurück in den Kreislauf des Gesteins getrieben werden.

„Wir sehen, wie reich die Natur ist und wie jeder darin auf wundervolle Weise seinen Platz findet." (Charles Darwin)

22_23

DAS WASSER DES LEBENS

Organisches Leben bildete sich auf unserem Planeten in der erdgeschichtlichen Frühzeit. Aus dem Kondenswasser der vulkanischen Tätigkeit und dem Schmelzwasser der Meteoriten entstand jenes Urmeer, mit dem der bis heute dauernde Kreislauf von Verdunstung und Niederschlag begann. Wir sehen, wie die sich über den Meeren bildenden Wolken übers Land ziehen und in den Bergen abregnen. Vertraut sind uns die Bilder der wilden Flüsse in den Gebirgen, die sich zu reißenden Strömen vereinen, die als Wasserfälle in die Tiefe stürzen und sich in Jahrmillionen ihren Weg durch Gebirgsmassive gebahnt haben. Im flachen Land fließen sie als breiter Strom bis zu den Küsten der Meere, in denen sich der Kreislauf des Wassers unaufhörlich fortsetzt.

    Die Küsten sind ein besonderer Ort. Hier treffen die elementaren Kräfte des Meeres und des Landes direkt aufeinander. Die Brandung des Meeres und die Energie des Windes, die Gezeiten, eiszeitliche Gletscher und plattentektonische Bewegungen haben die Küsten im Laufe von Jahrmillionen beständig verändert und faszinierende Gesteinsformen hervorgebracht, die die Phantasie der Menschen schon immer angeregt haben.

    In dem Maße, wie unser Interesse an der Entstehung des Lebens wächst, nehmen wir aber auch die Artenvielfalt im Bereich zwischen Land und Meer wahr, wo höchst anpassungsfähige Geschöpfe in den von den Gezeiten bestimmten Wattenmeeren leben und wo sich einzigartige Biotope in den weit verzweigten Mündungsbereichen der Flüsse entwickelt haben. Auch die Koralleninseln bewundern wir nicht mehr nur als faszinierende Paradiesgärten des Meeres, sondern lernen sie als einzigartige Lebensräume für das Zusammenleben unzähliger Pflanzen und Tiere zu begreifen.

    Fremd ist uns dagegen noch immer der gewaltigste Lebensraum der Erde: die Welt der Ozeane. Über zehn Millionen Arten sollen hier leben, fast zehnmal so viel wie auf dem Festland: alles Schöpfungen der Natur und viele davon eigentümlicher im Verhalten und phantastischer in der Gestalt, als Science-Fiction-Filme sie uns zeigen.

DIE NATUR SPRICHT IN VIELEN FARBEN

Unser Interesse an den Wundern der Natur ist vor allem auf Superlative gerichtet: den gewaltigsten Vulkanausbruch, gefährlichsten Wirbelsturm, höchsten Berg, mächtigsten Wasserfall oder ältesten Baum. Dabei besteht das eigentlich Wunderbare der Natur darin, dass sie entsprechend den klimatischen Besonderheiten ganz unterschiedliche Lebensräume mit einer faszinierend vielgestaltigen und vielfarbigen Flora und Fauna geschaffen hat. Es sind gigantische feingliedrige Netzwerke von Lebensbeziehungen, die von keiner Organisationsform des Menschen übertroffen werden und in denen jedes Lebewesen – ob mikroskopisch klein oder majestätisch groß – eine unersetzbare Funktion hat.

Wir können uns die Erde nicht vorstellen ohne den unermesslichen Reichtum der Lebensformen, den die Natur hervorgebracht hat. Dabei begann die grüne Revolution erst im Silur, also vor 420 Millionen Jahren, mit dem Vordringen der von Algen abstammenden Moose. 100 Millionen Jahre später entstanden im feucht-tropischen Klima der Karbonzeit die gewaltigen Farn- und Schachtelhalmwälder. Diese Urzeitwälder haben die Erde grün gemacht. Farbig aber wurde sie erst in der Kreidezeit vor 100 Millionen Jahren, als sich die ersten Blüten entfalteten, die nicht mehr vom Wind befruchtet wurden, sondern von fliegenden Insekten. In die Wälder und Wiesen kamen nun bunte Farben, betörende Gerüche und wohlklingende Laute.

In der Erdgeschichte musste diese faszinierende Lebenswelt immer wieder für Millionen Jahre der zerstörenden Gewalt der Eiszeiten weichen, mit deren Rückzug erfolgte aber auch stets eine Wiedergeburt – reicher, vielfältiger und farbiger.

*„Die Natur spricht gleichzeitig fünf oder sechs Sprachen: die der Farben,
die der Töne, die der Formen, die der Bewegungen, die der Größe und Entfernungen."
(Theodore Jouffroy)*

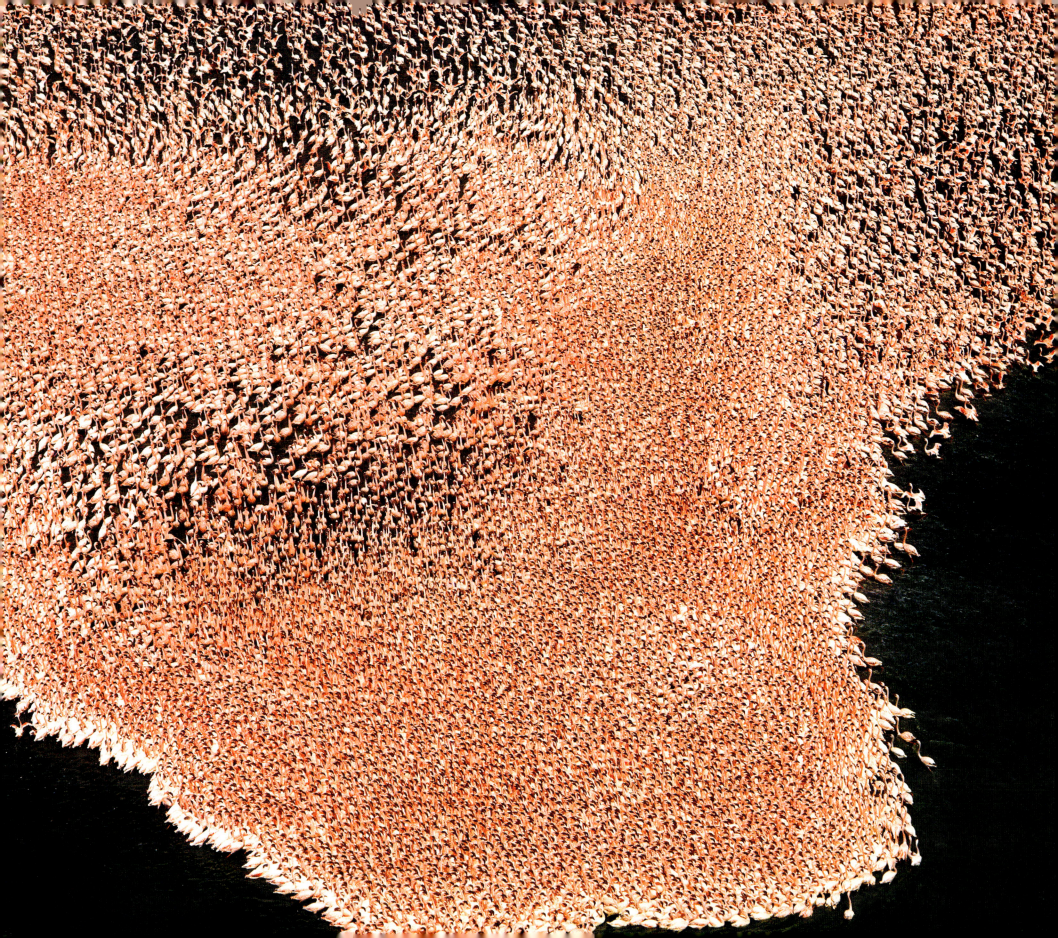

„Natur! Wir sind von ihr umgeben und umschlungen – unvermögend, aus ihr herauszutreten, und unvermögend, tiefer in sie hineinzukommen. Ungebeten und ungewarnt nimmt sie uns in den Kreislauf ihres Tanzes auf und treibt sich mit uns fort, bis wir ermüdet sind und ihrem Arme entfallen.

Sie schafft ewig neue Gestalten; was da ist, war noch nie, was war, kommt nicht wieder – alles ist neu, und doch immer das Alte.

Wir leben mitten in ihr und sind ihr fremde. Sie spricht unaufhörlich mit uns und verrät uns ihr Geheimnis nicht. Wir wirken beständig auf sie und haben doch keine Gewalt über sie.

Sie scheint alles auf Individualität angelegt zu haben und macht sich nichts aus den Individuen. Sie baut immer und zerstört immer, und ihre Werkstätte ist unzugänglich.

Sie lebt in lauter Kindern, und die Mutter, wo ist sie? – Sie ist die einzige Künstlerin: aus dem simpelsten Stoffe zu den größten Kontrasten: ohne Schein der Anstrengung zu der größten Vollendung." (Johann Wolfgang von Goethe)

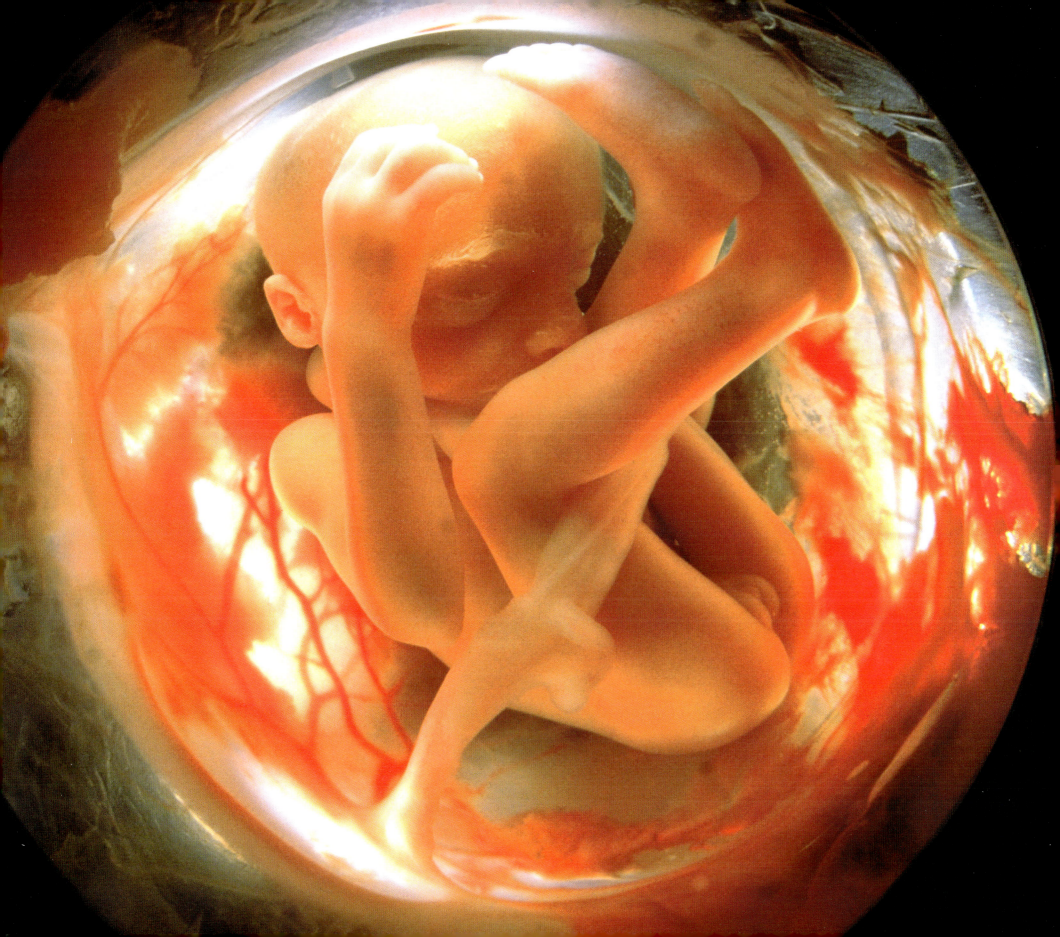

HEILIGE BERGE

In der Ausstellung sind die Magischen Orte der Kultur nach den Sieben Weltwundern der Antike geordnet. In jedem dieser schöpferischen Monumente des Altertums werden gestalterische Kräfte sichtbar, die wir bis heute in den Meisterwerken der Baukunst der verschiedensten Kulturen finden.

So versuchten Baumeister in vielen Regionen der Welt, monumentale Gebäude zu errichten, die – wie die Pyramiden von Gizeh – der Erhabenheit der Berge gleichen. Bildhauer schufen – ähnlich der Zeusstatue von Olympia – überwältigende Skulpturen, die uns das Antlitz ihrer Götter zeigen. In allen Zeiten wurden gigantische Türme errichtet, die – wie der Leuchtturm von Alexandria – nach dem Himmel greifen, und Kolossalstatuen – wie der Koloss von Rhodos –, die der Selbstverherrlichung des Menschen dienen.

Die Baumeister Ägyptens, Mittelamerikas und Indiens errichteten monumentale Pyramiden und Tempel mit dem Ziel, dass deren Gestalt und Herrlichkeit den Heiligen Bergen gleiche, die von den Menschen als magische Orte der Götter verehrt wurden. Der Kailash ist der Heilige Berg der Buddhisten und Hindus, der den unzähligen Stupas ihre Form gegeben hat. Noch heute pilgern jährlich hunderttausende Gläubige zum Kailash, um sich von den Sünden der Welt zu reinigen. So haben alle Religionen ihre Heiligen Orte: Für die Christen in der Andenregion Perus sind es die Sinakara-Berge, für die Taoisten Chinas die Berge von Wulingyuan, und für die Aborigines Australiens ist es der Uluru.

Viele dieser Heiligen Berge haben durch das Aussterben der Naturvölker und das Verschwinden alter Hochkulturen ihre spirituelle Bedeutung verloren. Aber wird der neugierige Wanderer nicht auch vom bloßen Anblick der Berge spirituell überwältigt? In jedem verlassenen Bergkloster und Tempel spürt er, wie eng das Leben der Menschen einst mit der Natur verbunden war und welche Lebensenergien ihnen die Begegnung mit der Natur und deren Bewunderung geben konnte. Nicht nur die jährlichen Pilgerströme zu den Heiligen Bergen waren von dieser Naturverehrung durchdrungen, sondern auch jene Menschen, die in der Einsamkeit der Berge nach der Weisheit suchten. Sie kamen hier in meditativer Betrachtung der Berge nicht nur ihren Göttern näher, sondern auch dem schöpferischen Prinzip der Natur.

DAS ANTLITZ DER GÖTTER

Aus Elfenbein, Ebenholz und Gold bestand die 12 Meter hohe Kolossalstatue des Zeus im Tempel von Olympia, die als eines der sieben Weltwunder der Antike gilt. Kraftstrotzend der mächtige Körper, doch sein Antlitz ist nicht das des Blitze schleudernden strafenden Gottes, sondern das eines gerechten, die Menschen beschützenden Vaters. Aber es war ein langer Weg zu einem Gott mit menschlichem Antlitz.

Die Götter der Naturvölker hatten die Gestalt der Sonne und des Mondes, gewaltiger Steinkolosse, alter Baumriesen oder ebenso kraftvoller wie listiger Tiere. In den frühen Hochkulturen Ägyptens, Mesopotamiens und Altamerikas finden wir dann zunehmend Götter mit menschlichen Eigenschaften. Noch sind es fantastische Mischwesen aus Mensch, Tier, Pflanze und Gestein. In dieser Zeit konnte man sich Götter nur als Wesen vorstellen, in denen die Kräfte der Natur und des Menschen miteinander verbunden sind.

Das Bild eines Gottes mit menschlichem Antlitz haben erst der Hinduismus und die abrahamitischen Religionen – Judentum, Christentum und Islam – geschaffen. Und vielerlei menschliche Erscheinungen hat dieser neue Gott: Da ist der Himmelskönig, der zornige und der gütige Vater – und dann ist da Christus, der geschunden und schmerzerfüllt im Schoße seiner weinenden Mutter liegt und des Mitfühlens der Menschen bedarf, damit er sie vom Leid der Welt erlösen kann.

In der Genesis menschlicher Götterbilder ist Maria Sinnbild einer langen, immer wieder in Vergessenheit geratenen Geschichte weiblicher Götter. Ihren Anfang nimmt diese Geschichte mit der kleinen kraftstrotzenden Figur der Venus von Willendorf. Sie ist ein Bild der Großen Mutter, die über Jahrtausende als Göttin der Fruchtbarkeit angebetet und verehrt wurde, eine Göttin wie jene vielbrüstige Artemis, die den großen Kreislauf der Natur nährt.

ZEUS

76_77

78_79

TEMPEL DER GÖTTER

Die Baumeister des Altertums schufen für ihre Götter Tempel, die in ihrer Erhabenheit den heiligen Wäldern und Hainen gleichen sollten. Wie ein kolossaler Wald erhoben sich beispielsweise die 127 Säulen des Tempels der Artemis in Ephesos aus kostbarem Marmor empor. Auch die gotischen Kathedralen mit ihren lang gestreckten Pfeilern, die sich im Gewölbe wie Äste eines riesigen Baumes verzweigen und dem Raum ein schützendes Dach geben, sind gleichsam der Schönheit der Natur erwachsen. Fernöstliche Tempel fügen sich als ein Teil der Natur organisch in Landschaften aus Steinen, Wasser und Pflanzen.

Die verschiedenen Religionen haben ganz unterschiedliche heilige Räume: Kathedralen und Moscheen, die zum Himmel streben, prachtvolle Paläste von überwältigendem Glanz und Reichtum, Kirchen und Tempel von schlichter, anrührender Schönheit und Höhlenkirchen, die Geborgenheit und Schutz geben.

In den von Licht erfüllten Kathedralen des Christentums erzählen Skulpturen und Wandgemälde vom Jüngsten Gericht und dem Paradies. In den Moscheen des Islam ist die Architektur bedeckt mit kostbar gefertigten Ornamenten, die den gesamten Raum durchdringen und in ein blühendes Paradies verwandeln.

In ihren Tempeln, Kirchen und Moscheen fühlen sich die Gläubigen aller Religionen ihren Göttern nahe, können ihnen huldigen, opfern und ihnen im Gebet ihre Sorgen, Freuden und Sehnsüchte anvertrauen. Sie erleben diese heiligen Räume als himmlische Bauwerke, deren Schönheit, Erhabenheit, Feierlichkeit und Geborgenheit ein Vorschein des Paradieses ist.

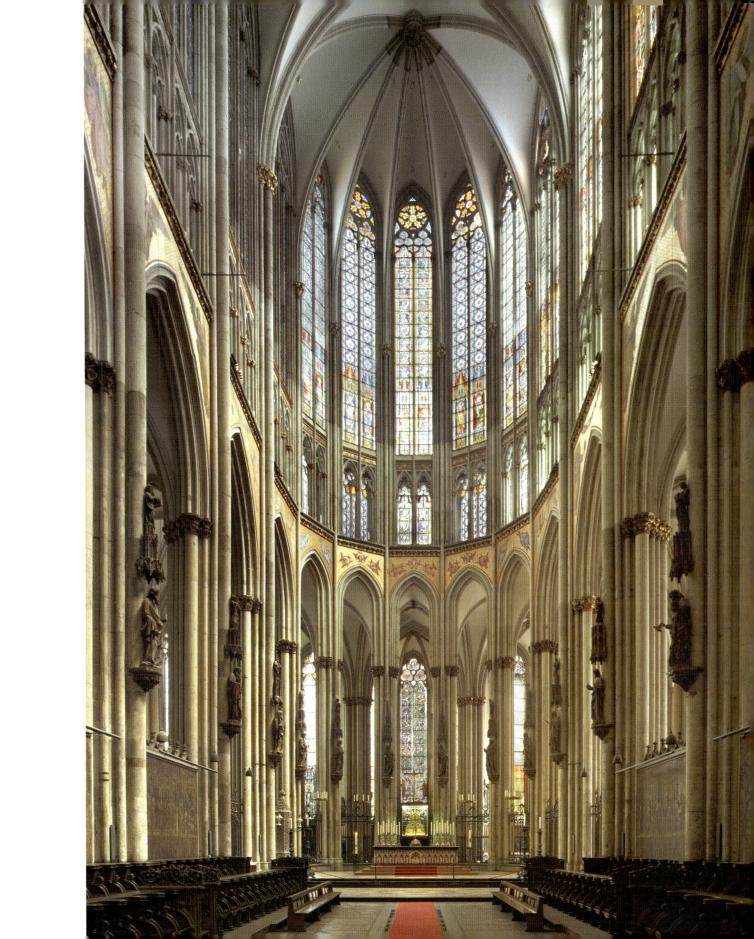

SELBSTVERHERRLICHUNG DES MENSCHEN

"Nur wenige können seinen Daumen umfassen, seine Finger sind größer als die meisten Standbilder", schreibt Plinius über den Koloss von Rhodos, der sich 33 Meter hoch über der Hafeneinfahrt erhob. Obgleich die Kolossalstatue schon 60 Jahre nach ihrer Fertigstellung durch ein Erdbeben einstürzte, hat sie sich als Symbol der Selbstverherrlichung des Menschen in unser Gedächtnis eingeprägt. Die Statue war dem Sonnengott Helios gewidmet, aber seine Gestalt war die eines Menschen, der zu göttlicher Größe erhoben ist.

Die Pharaonen, römischen Kaiser, mittelalterlichen Päpste, absolutistischen Fürsten und auch die Imperatoren unserer Zeit ließen sich als Menschen in Kolossalstatuen göttergleich verherrlichen. Kaiser Caligula erteilte den Auftrag, die Zeusstatue aus dem Tempel von Olympia nach Rom zu bringen, um den Kopf des Gottes durch seinen eigenen zu ersetzen. Die riesigen Fragmente der Skulptur Kaiser Konstantins im Vatikanmuseum in Rom zeigen, wie in diesen Kolossalstatuen das menschliche Maß ins Monströse übersteigert wurde.

Der Koloss von Rhodos bleibt so lange ein Symbol der Selbstverherrlichung des Menschen, wie sich Einzelne im Namen Gottes oder des Volkes zu Übermenschen erheben – und Menschen zu ihnen ehrfürchtig und bewundernd emporschauen.

DER GRIFF NACH DEM HIMMEL

Der Burdsch Chalifa von Dubai ist das höchste Bauwerk der Welt. Das über 800 Meter aufragende Gebäude erinnert an Kupferstiche aus dem 18. Jahrhundert, die uns das siebte Weltwunder der Antike – Pharos, den 100 Meter hohen Leuchtturm von Alexandria – zeigen.

Baumeister in allen Zeiten versuchten immer höhere und mächtigere Werke zu schaffen. Der Turm von Samarra, die Siegessäule von Delhi, das Minarett des Doms von Sevilla, die gotischen Kathedralen des Mittelalters, der Eiffelturm und die Wolkenkratzer von New York: In jedem dieser Meisterwerke der Baukunst spüren wir den unzähmbaren Willen, bisher erreichte Grenzen zu überschreiten und Unmögliches Wirklichkeit werden zu lassen.

Stonehenge, die Pyramiden von Gizeh, die Chinesische Mauer, das Aquädukt Pont du Gard, das Colosseum, Machu Picchu und Angkor Wat erregen nicht nur wegen ihrer gigantischen Größe unsere Bewunderung, sondern auch, weil wir nicht wirklich wissen, wie Menschen damals mit ihren einfachen Werkzeugen und Technologien in historisch kurzer Zeit diese überwältigenden Monumente errichtet haben. Es ist, als hätten sie über Kräfte verfügt, die uns verschlossen bleiben.

Gebäude wie die Zikkurat von Ur oder der Turm von Samarra erinnern aber auch an die biblische Geschichte vom Turmbau zu Babel, in der Gott die Menschen für ihren Hochmut bestraft, Gebäude zu bauen, die bis in den Himmel reichen.

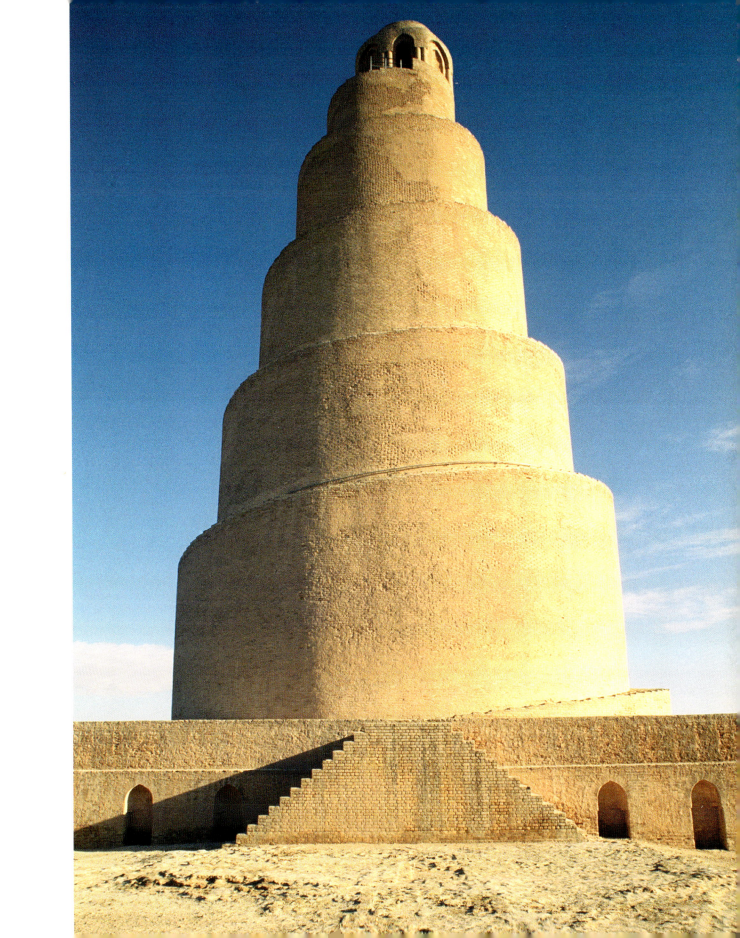

108_109

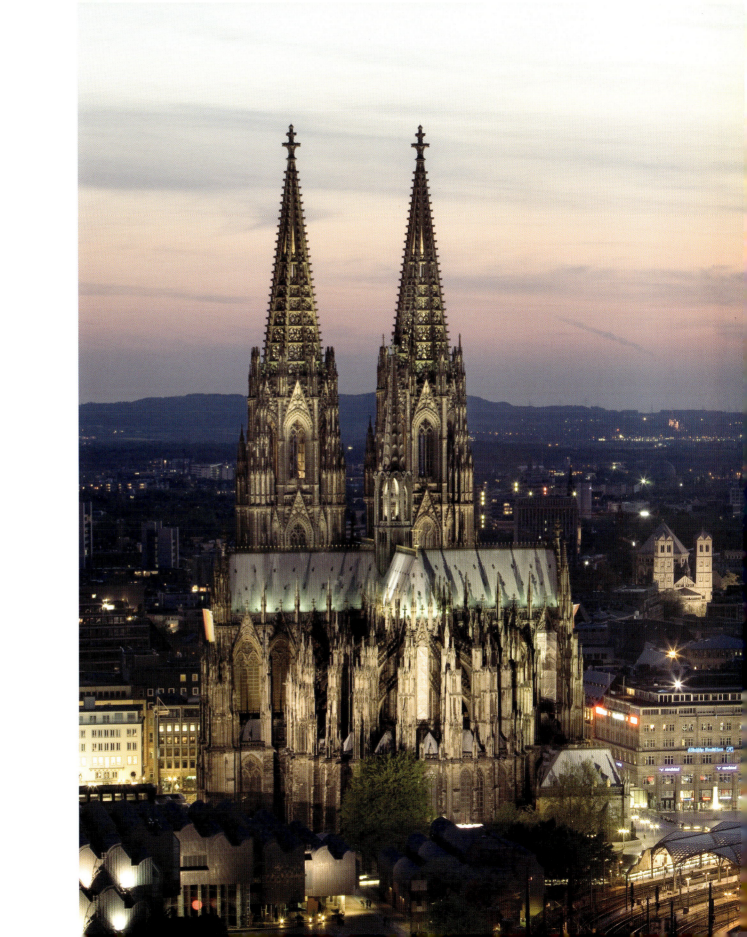

MONUMENTE DER ERINNERUNG

Hoch über der Stadt ließ sich König Mausolos im vierten Jahrhundert vor Christus aus farbenprächtigem kostbarem Gestein das Mausoleum von Halikarnassos erbauen, damit die Menschen bis in alle Ewigkeit daran erinnert werden, dass er diese blühende Stadt geschaffen hat. Die gewaltigen Totenstädte Ägyptens und die monumentalen chinesischen Grabanlagen waren Monumente der Erinnerung, und die darin begrabenen Pharaonen und Kaiser ließen sich als Götter in menschlicher Gestalt verehren. Dagegen wollten sich die Kaiser, Kirchenfürsten, Feldherren, Staatsführer und Revolutionäre, die sich seither wie König Mausolos prachtvolle Mausoleen errichtet haben, als einzigartige menschliche Persönlichkeiten unsterblich machen.

Was für die Ewigkeit gebaut wurde, war nicht von Dauer. Die meisten der Monumente wurden durch Naturkatastrophen zerstört, in Kriegen geplündert oder von neuen Herrschern abgerissen und als Steinbruch für den Bau ihrer eigenen Mausoleen benutzt.

Die magische Anziehungskraft, die Mausoleen auf uns ausüben, geht aber nicht nur von deren Pracht und künstlerischer Meisterschaft aus, sondern auch von den Lebensgeschichten, die sie uns erzählen. Wenn viele Menschen heute das Mausoleum Tadsch Mahal als eines der bedeutendsten Weltwunder empfinden, so deshalb, weil dieses Mausoleum nicht an die Unsterblichkeit der Götter und die Beherrscher der Welt erinnert, sondern an die Unsterblichkeit der Liebe: Der Großmogul Shah Jahan hat Tadsch Mahal in Erinnerung an seine dritte und liebste Frau errichten lassen.

Es gibt unterschiedliche Orte der Erinnerung: Monumente, die uns die Weltgeschichte aus der Sicht der Götter, Herrscher und Heroen erzählen, und jene, die uns die Freuden, Schmerzen und Hoffnungen erlebbar machen, die der einzelne Mensch als Schicksal in der Weltgeschichte erlebt. Es gibt die Monumente der Sieger der Geschichte – und die der Opfer.

PARADIESGÄRTEN

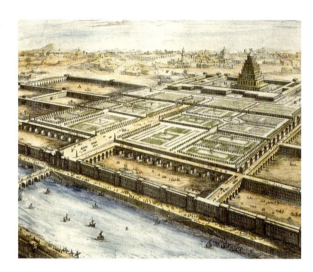

Aus antiken Schriften wissen wir: Die Hängenden Gärten von Babylon waren ein terrassenförmiges Bauwerk, auf dem Bäume, Gräser und Blumen in großer Fülle wuchsen, die durch ein hydraulisches System bewässert wurden. Der Legende nach ließ König Nebukadnezar die Hängenden Gärten anlegen, weil sich eine seiner Lieblingsfrauen nach den Wiesen und Blumen ihrer persischen Heimat sehnte. Die Hängenden Gärten von Babylon – ein Paradiesgarten, den man sich im 18. Jahrhundert als barocken Landschaftsgarten und im Mittelalter als Klostergarten vorstellte. Wie alle antiken Weltwunder verkörpern auch die Hängenden Gärten von Babylon eine Idealvorstellung, die im menschlichen Wesen tief verankert ist: das Paradies als ein Garten, in dem Mensch und Natur wiedervereint sind.

Das sehnsuchtsvolle Verlangen der Menschen nach einem Ort, an dem sie mit der Natur verbunden sind, bildete sich mit dem Entstehen großstädtischer Metropolen wie Babylon. Deshalb ist seither die Gestaltung eines jeden Gartens der Versuch, einen Paradiesgarten von der Schönheit und Üppigkeit der Hängenden Gärten von Babylon zu schaffen.

In der Alhambra in Granada kann man noch einen Paradiesgarten des Morgenlandes in seiner ganzen Pracht bewundern. Diese maurischen Gärten Spaniens regten die europäischen Architekten zu immer neuen phantastischen Gartengestaltungen an, in denen sich Baukunst und Natur verbinden: den Klostergarten des Mittelalters, den Renaissance- und Barockgarten. Mit der beginnenden Industrialisierung entdeckte man dann die Schönheit der Wildnis und der tropischen Natur, legte naturnahe Landschaftsgärten an und baute gewaltige Glaspaläste mit Palmengärten. Man begann überall in der Welt, die vom Menschen noch nicht berührte und von ihm bedrohte Natur in Naturparks zu verwandeln – um sie zu schützen und als Paradiesgärten der Erde zu erhalten.

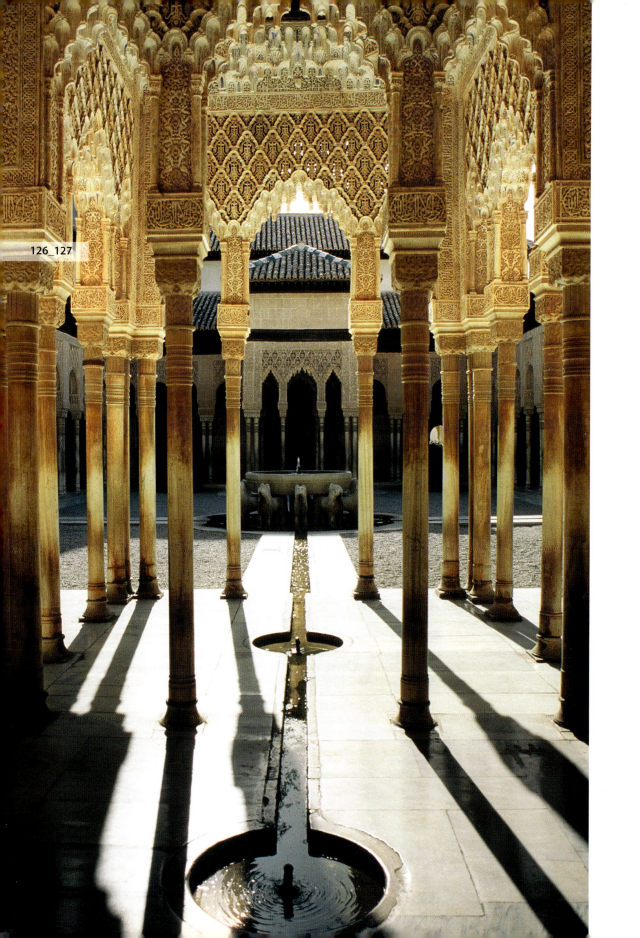

EIN BAUM – DER BAUM

In jungen Jahren war mein liebster Aufenthaltsort der Wald. Meine süddeutsche Heimat ist voller Wälder, und so verbrachte ich einen guten Teil meiner Jugend mit Bäumen verschiedenster Art und Größe. Eine Nacht unter dem Wurzelwerk einer vom Wind gefällten Fichte war für mich der Himmel auf Erden. Bäume waren meine besten Freunde.

Auch Weltwunder haben mich mein ganzes Leben begeistert. Sie als „Magische Orte" in den Gasometer Oberhausen zu bringen, barg von Beginn unserer Arbeit an dieser Ausstellung eine große Faszination. Baum und Weltwunder ergaben sehr schnell das Bild der Hängenden Gärten der Semiramis in Babylon. Wunderschöne, von der Decke des Gasometers hängende lebende Bäume stellten sich allerdings sehr bald als zu schwer und zu kurzlebig heraus. Mein Traum machte dann eine Reise mit Blick nach Süden – und landete im Regenwald.

Die Proportionen eines Regenwaldbaums boten sich geradezu genial dazu an, zur Skulptur im Luftraum des Gasometers zu werden. Seine einzelnen Elemente erscheinen bestimmt dafür, den Besucher zu faszinieren und in ihren Bann zu schlagen: Die intime Nähe zum Wurzelwerk, der weite Blick entlang des Stamms und das Gesamtbild des Regenwaldbaums erscheinen mir daher der Herausforderung würdig, ein weiteres Mal den immensen, offenen Raum des Gasometers mit Leben zu erfüllen.

Außerdem hat der Baum in unserer gepflegten Lebensphilosophie einen ganz besonderen Stellenwert. Abgesehen von seiner großen Verantwortung für das chemische und biologische Gleichgewicht auf unserem Planeten, steht der Baum für das Leben an sich. Wir bewundern sein allzumal unglaubliches Alter, das ein hohes Maß an Weisheit suggeriert. Wir bewundern seine schützende Krone, die schon durch ihren Namen die Nähe zu königlicher Abstammung bekundet. Wir erfreuen uns an seiner Form, seinen wechselhaften Erscheinungen. Hier und da haben wir das Gefühl, ein Gespräch mit einem Baum führen zu können. Wir denken hinein in den Baum – und der Baum antwortet mit Ratschlägen für das Leben.

Gibt es bessere Freunde?

WOLFGANG VOLZ

EIN MAGISCHER ORT

„Das Leben wird nicht gemessen an der Zahl unserer Atemzüge, sondern an den Orten und Momenten, die uns den Atem rauben." [1]

Jeder „Magische Ort" besitzt eine eigene Aura von einzigartiger Ausstrahlungskraft. Der Gasometer Oberhausen ist solch ein magischer Ort. Das äußere Erscheinungsbild des 117,5 Meter hohen Stahlkolosses ähnelt einer gewaltigen Blechdose. Sein Inneres jedoch mit dem 100 Meter hohen Luftraum, der ausgefallenen Deckenkonstruktion, den in seidenmattem Schwarz schimmernden Wänden und der ehemaligen Gasdruckscheibe raubt jedem Besucher den Atem. Kein Wunder also, dass sich Künstler, Ausstellungsmacher und andere kreative Köpfe von der eigenwilligen Schönheit des Gasometers magisch angezogen fühlen.

Seit dem Umbau des Gasbehälters 1993/94 finden hier regelmäßig Ausstellungen statt, die ganz auf diesen monumentalen Raum zugeschnitten sind und für ihn entwickelt wurden. Denn nichts anderes lässt der Gasometer zu: Ausstellung und Architektur des Gasometers müssen eine Symbiose bilden.

Viele Ausstellungen sind diesem Anspruch gerecht geworden. „The Wall", eine aus 13.000 farbigen Ölfässern bestehende Wand von Christo und Jeanne-Claude, brachte in den dunklen Raum eine heitere Stimmung (1999). Nur im Gasometer hatten Bill Violas „Five Angels" genug Raum zum Fliegen (2003); und an welch anderem Ort hätte der Breitling Orbiter (2004), mit dem Bertrand Piccard die Welt umrundet hatte, in seiner ganzen Größe ausgestellt werden können?

Wolfgang Volz, Fotograf und enger Mitarbeiter von Christo und Jeanne-Claude und daher mit Großprojekten bestens vertraut, hat viele dieser Inszenierungen umgesetzt. In diesem Sinne „gasometererprobt" entwickelte er für die Ausstellung „Sternstunden – Wunder des Sonnensystems" (2009/2010) eine im Durchmesser 25 Meter große Mondskulptur für den Luftraum des Gasometers. Die originalgetreue Abbildung des Erdtrabanten bildete den dramaturgischen Höhepunkt der Ausstellung. 961.000 begeisterte Besucher sahen zudem unglaublich schöne Bilder unseres Sonnensystems, erlebten Sterngeburten und Sternexplosionen und staunten über die kostbaren Exponate.

„Sternstunden – Wunder des Sonnensystems" war die zweite Ausstellung einer von dem Ausstellungskurator Prof. Peter Pachnicke entwickelten Trilogie, die mit „Das Auge des Himmels" (2007/2008) begann und mit „Magische Orte" endet. Im Kern geht es bei dieser Ausstellungsreihe um die Schönheit und Erhabenheit unserer Erde. In „Das Auge des Himmels" gaben Satellitenbilder faszinierende Blicke auf die Erde frei, „Sternstunden" richtete den Blick ins Universum.

Bei „Magische Orte" nun liegt der Focus auf der Betrachtung der Wunder unserer Erde. Der Besucher begibt sich auf eine Weltreise zu den bedeutendsten Kultur- und Naturmonumenten unseres Planeten. Die Bilder und Exponate in der Ausstellung spiegeln die schöpferische Kraft und Schönheit wider, die diese Orte zu „Magischen Orten" machen. Höhepunkt der Ausstellung ist eine von Wolfgang Volz geschaffene Skulptur eines Regenwaldbaumes. 43 Meter hoch, mit einer riesigen Blätterkrone und gewaltigem Wurzelwerk, steht der Baum für den ewigen Lebenskreislauf der Natur, für ihre Schönheit, Fruchtbarkeit, aber auch ihre Verletzbarkeit. Die Lichtinszenierung von Herbert Cybulska und die Musik von Sebastian Studnitzky schaffen Stimmungen – Tages- und Nachtbilder. Der Baum verschmilzt mit dem gewaltigen Raum und verwandelt den Gasometer in eine „Kathedrale der Natur".

Der 1929 als Scheibengasbehälter gebaute Gasometer war schon immer außergewöhnlich. Mit knapp 350.000 Kubikmetern Fassungsvermögen war er der größte seiner Art in Europa und Ausdruck hoher Ingenieurskunst. Im Verbundsystem der Montanindustrie spielte der Oberhausener Gasometer eine zentrale Rolle als Zwischenspeicher für Gicht- und Kokereigas. Der von der Oberhausener Bevölkerung liebevoll als „Tonne" bezeichnete Gasspeicher stand als Symbol für die industrielle Entwicklung in der Stadt. Seine Stilllegung 1988 läutete das Ende einer industriellen Ära ein.

Doch mit dem behutsamen Umbau des Gasometers in eine Kulturstätte ist es gelungen, das Gebäude als Zeugnis einer bedeutenden industriellen Entwicklung zu erhalten und gleichzeitig eine aufregende Zukunftsperspektive zu eröffnen. Heute ist der Gasometer ein bedeutender Standort auf der Europäischen Route der Industriekultur. Weit über vier Millionen Besucher haben die bisherigen Ausstellungen erlebt. Unterstützt von der Deutschen UNESCO und TUI Deutschland ziehen nun faszinierende Stätten des Welterbes in einen „Magischen Ort" – den Gasometer Oberhausen.

JEANETTE SCHMITZ

[1] Anonym; aus: Patricia Schultz „1000 places to see before you die", Potsdam 2006

BAUMRIESEN DER TROPISCHEN REGENWÄLDER

Tropische Regenwälder gehören zu den faszinierendsten Orten auf der Erde: Trotz nährstoffarmer Böden leben hier mehr Pflanzen- und Tierarten als irgendwo sonst an Land. Dies verdanken die Regenwälder ihrer tropischen Lage rund um den Äquator. Hier gibt es keinen Wechsel der Jahreszeiten, der das Pflanzenwachstum hemmt. Es herrschen hohe Temperaturen, die, zusammen mit dem namengebenden Regen, ganzjährig wunderbare Voraussetzungen für die unvorstellbare Vielfalt an Pflanzenwachstum bieten. Durch die hohe Sonneneinstrahlung verdunstet ein Großteil des Regens, vor allem über das Blattwerk der Bäume und Pflanzen. Die feuchte Luft steigt auf und bildet in der kühleren Atmosphäre mächtige Wolkentürme, die dann erneut über den Wäldern abregnen. So sind die tropischen Regenwälder für etwa drei Viertel ihrer Niederschläge selbst verantwortlich.

Befindet man sich im Regenwald, so ist vor allem der Mangel an Sonnenlicht auffällig. Weniger als ein Prozent dringt durch das geschlossene Kronendach der großen Bäume, deren Baumkronen, gleich einem zusammenhängenden Stockwerk, einen eigenen Lebensraum in etwa 43 Metern Höhe bilden. Bäume und Sträucher der darunter liegenden Schichten sind für ihre Energiegewinnung auf vereinzelte Sonnenflecken angewiesen. Oft überdauern sie jahrelang als Samen oder Keimlinge oder warten mit langen dünnen Stämmen und kleinen Kronen auf ihre Wachstumschance: einen umstürzenden Baum, der eine Lichtung in das Kronendach reißt.

Durchsetzt ist dieses Mosaik unterschiedlichster Pflanzen von riesenhaften Bäumen, die so mächtig sind, dass man ihre Krone nicht sehen kann und deren nahezu astloser Stamm sich im Blätterdach zu verlieren scheint. Mit bis zu 70 Metern Höhe überragen diese Giganten das Kronendach und bilden regelrechte Inseln über dem Wald. Charakteristisch sind die oft übermannshohen Stützwurzeln, die an der Stammbasis ansetzen und sich brettartig bis zum Boden erstrecken. Ihnen verdanken die Bäume ihre Stabilität, da ihre Wurzeln nur wenige Zentimeter tief in den Boden reichen.

Anders als in unseren gemäßigten Breiten sind die Böden der Regenwälder tiefgründig verwittert und haben ein äußerst geringes Speichervermögen für Nährstoffe. Unter diesen Bedingungen hat sich ein nahezu perfektes Recycling-System entwickelt: Totes Material wird durch kleine und kleinste Organismen im Boden besonders schnell abgebaut. Aus dieser dünnen Schicht werden die freigesetzten Nährstoffe von den Wurzeln mit Hilfe spezieller Pilze, Mykorrhiza genannt, aufgenommen und umgehend in das Wachstum der Pflanze investiert. Über Pflanzenfresser und räuberisch lebende Tiere schließt sich dann der Energie-Kreislauf der Lebewesen. Dieser ist im tropischen Regenwald so effizient, dass fast sämtliche zur Verfügung stehenden Nährstoffe von den lebenden Organismen genutzt werden.

Die harte Konkurrenz der Regenwaldpflanzen um Sonnenlicht und die wenigen freien Nährstoffe haben einen äußerst vielgestaltigen Lebensraum mit einer einmaligen Tierwelt entstehen lassen. Schätzungsweise über 90 Prozent aller lebenden Arten sind in diesem magischen Netz von Abhängigkeiten miteinander verwoben zu einem System, dessen Komplexität wohl niemals vollständig erfasst und verstanden werden wird – zumal heute erst ein Bruchteil aller hier lebenden Arten bekannt ist.

Durch die Rodung der tropischen Regenwälder sind in den vergangenen Jahrzehnten bereits unzählige Tier- und Pflanzenarten ausgestorben – unwiederbringlich, für immer. Darunter zahllose, die kein menschliches Auge je wahrgenommen und kein Forscher registriert hat. Heute ist dieser fruchtbarste Lebensraum der Erde in seiner einzigartigen genetischen Vielfalt nachhaltig gefährdet. Das Ausmaß und die Geschwindigkeit der Zerstörung sind dramatisch: Nach dem Lesen dieses Artikels wird eine Waldfläche von 150 Fußballfeldern vernichtet sein.

Die Regenwaldskulptur von Wolfgang Volz wird durch die Lichtinszenierung von Herbert Cybulska und die Komposition von Sebastian Studnitzky zu einem einmaligen sinnlichen Erlebnis. Die Skulptur eines einzelnen Regenwaldbaumes in dem gewaltigen Innenraum des Gasometers erzeugt ein faszinierendes Spannungsfeld zum realen Regenwald, dessen Vielfalt und Reichtum nur möglich ist, weil sich die Lebensbeziehungen aller Pflanzen und Tiere auf wunderbare Weise durchdringen.

THOMAS GERKEN

DER KREISLAUF DER GESTEINE

Das steinerne Skelett der Erde – es reicht vom glutflüssigen Magma der tieferen Erdkruste bis in die Gletscherwelt der Hochgebirge. Granit und Gabbro, Marmor und Gneis, silbrig glänzende Schiefer, Aschen, Schlacken, Lavafetzen, herausgeschleudert aus Vulkanen, Basalt und Diabas, Ganggesteine mit riesigen Kristallen, Gerölle, Geschiebe und Windkanter, Kalksinter und Erbsensteine, Crinoiden- und Nummulitenkalke, Kieselgur und Feuerstein: Die Erde ist steinreich.

Das Gestein, das heute die feste Außenhaut der Erde bildet, stammt aus allen Erdzeitaltern. Fossilien längst vergangener Meere finden sich auf den Gipfeln der Berge, und an vor Jahrmillionen in der Tiefe der Erdkruste erstarrtem Magma nagen heute Wasser und Wind, Hitze und Frost.

Die feste Gesteinsoberfläche der Erde ist ein Mosaik aus sieben großen und zahlreichen kleineren Platten, die sich mitsamt den Kontinenten, die aus den Meeren herausragen, auf der fließfähigen Unterlage des Erdmantels bewegen. Manche schrammen aneinander vorbei, manche schieben sich unter andere Platten und wölben sich nach und nach zu riesigen Gebirgen auf. Erdbeben und Vulkanausbrüche kennzeichnen oft solche aktiven Plattengrenzen. Im Atlantik und Pazifik dehnt sich die Erdkruste, und entlang riesiger Spaltensysteme steigt Magma aus dem oberen Erdmantel auf, breitet sich symmetrisch am Meeresboden aus und produziert so die längsten Vulkangebirge der Welt.

Nach Art der Entstehung unterteilt man die Gesteine in drei Hauptgruppen: die Magmatite, die Sedimente und die Metamorphite. In einem natürlichen Kreislauf sind alle miteinander verbunden. An der Oberfläche sind sie allesamt der Verwitterung und Abtragung unterworfen. Wasser in Porenhohlräumen, Klüften und Spalten gefriert, dehnt dabei sein Volumen aus und sprengt das Gestein. Im Wasser gelöste Säuren, Basen, Salze oder Gase – vor allem Kohlendioxid – steigern seine Lösungskraft, und es zerfrisst dann selbst härtestes vulkanisches Gestein. In Kalksteinmassiven kann es so kilometerlange unterirdische Höhlensysteme erschaffen, in denen wiederum bizarre Tropfsteine entstehen können. Es gibt Quellen, an denen sich im Wasser gelöster Kalk oder Kieselsäure in Kaskaden kleiner Terrassen aus Kalk- und Kieselsinter absetzt. Aber auch das Leben selbst ist an der Entstehung von Gesteinen beteiligt: Korallen, Schwämme, Algen und zahlreiche weitere Organismen.

Oftmals ist das Meer der Endpunkt aller Abtragung. Regen, Bäche, Flüsse transportieren Korn für Korn. Türmen sich Schlamm, Sande, Kiesel und andere Gesteinsbrocken oder auch die Gehäusereste von Meerestieren durch langsame Abwärtsbewegungen des Bodens Schicht auf Schicht, verfestigen sie sich mit der Zeit zu festen Gesteinen, und in ihnen eingeschlossene Lebewesen werden zu Fossilien. Mehr als 75 Prozent der kontinentalen Festlandsflächen und der größte Teil des Meeresbodens werden von Sedimentgesteinen bedeckt.

Alle magmatischen und metamorphen Gesteine und älteren Sedimentgesteine, die durch die Bewegungen der Erdkruste an die Erdoberfläche gelangen, unterliegen der Verwitterung. Und alle Oberflächengesteine können durch die Antriebskräfte aus dem Erdinneren und durch plattentektonische Prozesse wieder in tiefere Bereiche der Erdkruste und des oberen Erdmantels gelangen. Auf ihrem Weg dorthin durchlaufen sie eine Metamorphose: Granit wird zu Gneis, Kalkstein zu Marmor, feine Sandsteine vielleicht zu Glimmerschiefern. Das Gefüge der Gesteine verändert sich und auch ihr Mineralbestand. Durch Gebirgsbildungsprozesse können sie wieder an die Oberfläche gelangen, oder sie werden aufgeschmolzen und erreichen als Vulkanit oder Plutonit irgendwann wieder die Oberfläche, wo sie verwittern – und der Kreislauf beginnt von vorn.

Die heutigen geologischen Landschaften sind Momentaufnahmen des großen Kreislaufs der Gesteine, der das Antlitz der Erde, die Verteilung von Land und Meer und die Gestalt der Kontinente immer wieder verändert und mit ihnen auch das Leben, das sich in der Vielfalt seiner Organismen nahezu jedem Lebensraum angepasst hat.

ULRIKE STOTTROP

2_3

Alles fließt

146_147

Rotglühender Lavastrom während eines Ausbruchs am Pu'u 'O'o, dem aktivsten Schlot des Kilauea-Vulkans auf Hawaii.
Schon die griechischen Naturphilosophen erkannten das Prinzip des Lebens: Panta rhei – alles fließt und verändert sich, nichts existiert ewig.
Auch der Grund und Boden, auf dem wir fest und sicher zu stehen glauben, ist in dauernder Bewegung. Für uns Menschen haben Vulkane deshalb magische Kraft, denn, unberechenbar, reißen sie gewaltsam die Erde auf und ergießen aus ihren Tiefen gewaltige Mengen zähflüssigen Gesteins, das der Landschaft eine neue Gestalt gibt und neue Lebensbedingungen schafft.
Der Kilauea auf Hawaii ist der aktivste Vulkan der Erde.
Der Vulkan-Nationalpark Hawaii, USA, gehört seit 1987 zum UNESCO-Welterbe.

Foto:
Frans Lanting

5

Harmonie des Wassers und des Gesteins

Buddhistische Mönche durchqueren den Pongour-Wasserfall in Da Lat in Vietnam. Das Bild verdeutlicht die Naturverbundenheit fernöstlicher Weltanschauung. Der Wasserfall ist ein Symbol der Vereinigung des Beständigen und des Fließenden, des Gesteins und des Wassers. Indem der Mensch in der Natur aufgeht, wird er zu einem Teil des kosmischen Kreislaufes, der alle Dinge und Erscheinungen des Lebens bewegt und verbindet.

Foto:
Dang Ngo/Zuma Press/
Action Press

8

Land zwischen Ebbe und Flut

Täglich sieht man in Büsum an der Nordsee bei Ebbe Menschen hinauslaufen zu den Seehundsbänken und den Lande- und Überwinterungsplätzen der Vögel.
Die Kräfte des Mondes bewirken, dass sich im Wattenmeer im Rhythmus der Gezeiten ein steter Wechsel von Wasser und Land vollzieht. Das niederländisch-deutsche Wattenmeer ist der weltweit größte und ursprünglichste Lebensraum dieser Art auf der Erde. Er umfasst eine Vielzahl an Übergangszonen zwischen Land und Meer: Priele, sandige Zonen, Muschelbänke, Strände, Dünen, Mündungsgewässer, Seegras- und Salzwiesen.
Eine ungewöhnliche Vielfalt von Tieren und Pflanzen lebt hier. Für zwölf Millionen Vögel ist das niederländisch-deutsche Wattenmeer Brutstätte und Überwinterungsgebiet. Es kommt vor, dass sich an manchen Tagen hier bis zu sechs Millionen Vögel gleichzeitig aufhalten.
Das niederländisch-deutsche Wattenmeer gehört seit 2009 zum UNESCO-Welterbe.

Foto:
Thomas Ebert

11

Tausende Kilometer durch die Ozeane

„Langsam geht der riesengroße Mond am Himmel auf. Eine mächtige glänzende Lederschildkröte zieht sich auf den Strand. Sie ist die größte aller Meeresschildkröten. Seit Jahrmillionen kommen die mythischen Reptilien von März bis Juli an den Strand des Eingeborenendorfes in Französisch-Guyana, um sich zu paaren."
(Olivier Grunewald)

Lederschildkröten sind Meeresbewohner der tropischen und subtropischen Zonen. Als Einzelgänger schwimmen sie in den Meeresströmungen oft über tausend Kilometer durch die Ozeane, um nach drei Jahren zur Paarung wieder an die angestammte Küste zurückzukehren, an der sie geboren wurden. In einer Nacht begibt sich das Weibchen dann an den Strand und vergräbt seine Eier, die von der Wärme der Sonne ausgebrütet werden.

Foto:
Olivier Grunewald

13

Erhaben und verletzbar

Monsunwolken über dem Indischen Ozean: Das Bild zeigt uns die Atmosphäre der Erde in ihrer Schönheit und Verletzbarkeit. Wie eine zarte Hülle umschließt die Atmosphäre schützend unseren Planeten und ist doch auch die Sphäre, in der im Kampf der Elemente in Milliarden von Jahren die Vielfalt und der Reichtum des Lebens geschaffen wurden. Unterwegs im All, waren Astronauten die ersten, die die Erde in dieser überwältigenden Erhabenheit und Zartheit bewundert haben.

„Das vielleicht wichtigste Ergebnis unserer Untersuchung anderer Welten ist, dass wir uns der Einzigartigkeit unserer eigenen Welt bewusst werden. Als ich einmal von Afrika nach Madagaskar flog, beobachtete ich, wie Schichten von Monsunwolken ihren Schatten auf das Meer warfen. Sonnenlicht, das vom Fenster des Flugzeuges gebrochen wurde, erzeugte den Schein eines Regenbogens, der für mich die kurzlebige Schönheit unseres Wasserplaneten betonte."
(Frans Lanting)

Foto:
Frans Lanting

14

Die Kräfte des Hephaistos

Über die Kräfte im Inneren der Erde gebietet in der griechischen Mythologie Hephaistos. Unter dem Ätna hat er seine Werkstatt, in der er Metalle schmilzt, Werkzeuge und Waffen schmiedet. Erfasst ihn jedoch der Zorn, lässt er Feuerwalzen über das Land rollen, und die Berge speien glühendes Gestein und Ascheregen. Schildvulkane sind flach, und die dünnflüssige Basaltlava strömt an den Vulkanhängen hinab, bis sie erstarrt. Ganz anders die Schichtvulkane, deren steiler Kegel aus Schichten aus Lava, Asche und Gesteinsbrocken aufgebaut ist. Der Ausbruch von Schichtvulkanen ist von besonderer Gewalt. Nicht nur Massen zähflüssiger Lava drängen aus dem Erdinneren, sondern glühende Lavabrocken und Gestein werden explosionsartig aus dem Schlot des Vulkans geschleudert zusammen mit riesigen Asche- und Gaswolken.
Vor 250 Millionen Jahren hat ein gigantischer Vulkanausbruch eine der größten Katastrophen der Erdgeschichte verursacht. Die Asche- und Gaswolken haben damals für Jahre den Himmel verdunkelt, und die Temperaturen auf der Erde sanken drastisch. Es kam zu einem Massensterben, das 90 Prozent aller Meerestierarten und 70 Prozent aller Landlebewesen vernichtete.
Das Bild zeigt den Vulkanausbruch am Eyjafjallajökull in Island am 17.4.2010.

Foto:
Sigurour Harfn Stefnisson

15

Faszinierend und erschreckend

Der griechische Gott Poseidon ist auf dem Olymp die mächtigste Gestalt nach Zeus. Er gebietet über das Wasser und verteilt es durch das Netz der Flüsse auf allen Kontinenten. Im Zorn aber wühlt er das Meer auf, und gewaltige Wellen überschwemmen das Land, bringen Schiffe zum Kentern und verschlingen Menschen.
Wellen sind gewaltige Naturkräfte. Sie verwüsten ganze Küsten, tragen Land ab, höhlen Felsklippen aus, zermahlen das Gestein zu Sand. Bis zu einer Höhe von 30 Metern können sie sich auftürmen und ihre Energie über Tausende von Kilometern erhalten. Die Energie, die die Wellen der Ozeane täglich mit sich führen, soll hundertmal so groß sein wie der jährliche Energieverbrauch der Menschen. Wellen, die uns Menschen faszinieren und entsetzen, sind die Energieträger der Naturelemente. Es ist der Wind, der den Wellen ihre Kraft gibt; aber auch die Gezeiten des Mondes, die Erdrotation, Meeresströmungen, Klimaschwankungen und tektonische Verformungen des Meeresbodens wirken auf sie ein.

Foto:
Rick Doyle/Corbis

16

Der wilde Planet

Vulkanausbrüche entfesseln alle Kräfte der Natur. Nicht nur riesige rotglühende Lavaströme drängen aus der Tiefe der Erde, auch Geröll- und Schlamm-Massen verwüsten das Land. Die riesigen Asche- und Gaswolken, die bis zu 40 Kilometer hoch in die Erdatmosphäre geschleudert werden, verdunkeln nicht nur die Sonne, ihre Partikel laden sich auch durch Reibung auf und entladen sich in machtvollen Gewittern.
Island ist ein Feuerland. Vor 20 Millionen Jahren entstand es durch Eruptionen aus dem Erdinneren. Hier verläuft die Grenze zwischen der eurasischen und der nordamerikanischen Erdplatte. An solchen Nahtstellen bahnt sich seit Millionen Jahren immer wieder das in der Erde aufgestaute Magma gewaltsam seine Bahn.
Vulkane, Erdbeben und Wirbelstürme zeigen uns, dass die Urkräfte unseres Planeten bis heute wirken.

Foto:
Sigurour Harfn Stefnisson

17

Eine Quelle des Lebens

Am Rande der Rocky Mountains erhebt sich über einem vulkanischen „Hotspot" der Nationalpark Yellowstone, einer der lebendigsten Orte der Erde. Zwei Drittel aller Geysire unseres Planeten befinden sich auf dem Gelände des Nationalparks. „Old Faithful", einer der gewaltigsten, stößt beinahe stündlich Wasserfontänen rund 50 Meter in die Höhe. Aber das größte Naturwunder von Yellowstone ist der „Grand Prismatic Spring", eine Quelle gesättigt mit Mineralien und Algen, die in spektakulärer Farbenvielfalt leuchten. Es ist ein Laboratorium zur Erforschung des Lebens, denn vor über vier Milliarden Jahren herrschten überall auf der Erde vergleichbare extreme Lebensbedingungen. In einer aus Kohlendioxyd, Stickstoff und Methan bestehenden Atmosphäre entstanden damals einfachste Lebensformen, thermophile – wärmeliebende – Organismen.
Der Nationalpark Yellowstone, USA, gehört seit 1978 zum UNESCO-Welterbe.

Foto:
Antonio Attini

18

Ein Ozean entsteht

Die Erdoberfläche besteht aus gewaltigen Gesteinsplatten, die auf dem zähflüssigen Erdmantel schwimmen. Diese Erdplatten stehen nicht still, sondern werden durch die aus dem Erdinneren aufsteigenden Energien beständig bewegt. Wo sich zwischen diesen Erdplatten, wie dem mittelatlantischen Rücken, gewaltige Mengen Magma nach oben ergießen, werden die einst verbundenen Platten auseinander getrieben. So begann vor 200 Millionen Jahren die Teilung von Nordamerika und Europa, Südamerika und Afrika, und es entstand der Atlantische Ozean. Noch heute bewegen sich Nordamerika und Europa 2,5 Zentimeter pro Jahr voneinander fort.
Das Bild zeigt uns eine Momentaufnahme eines ganz ähnlichen Prozesses, der sich in Afrika ereignet. Der afrikanische Kontinent wird derzeit, begleitet von Vulkanausbrüchen und Erdbeben, aufgebrochen und bildet dabei den Ostafrikanischen Grabenbruch, der sich wie hier an den Victoria-Wasserfällen stetig verbreitet. In Millionen von Jahren wird er sich zu einem Meer geweitet haben, das Teil der Ozeanwelt sein wird.
Die Victoria-Fälle in Sambia und Simbabwe gehören seit 1989 zum UNESCO-Welterbe.

Foto:
Daryl Balfour/NHPA/Photoshot

19	20_21	22	23	24_25

Titanische Kollisionen	**Mutter des Universums**	**Nur ein flüchtiger Augenblick**	**Der grüne Fluss**	**Ein aufgeschlagenes Buch der Erdgeschichte**

148_149

Wenn Erdplatten aufeinander stoßen, können sie mächtige Gebirge auffalten. So entstanden die Alpen durch eine Kollision der eurasischen und der afrikanischen Erdplatte. 10 bis 12 Millimeter wuchsen die Alpen im Jahr, bis sie nach Millionen Jahren zu einem Hochgebirge wurden.
Der Wiedemerkopf in den Allgäuer Alpen macht in einzigartiger Weise die tektonischen Faltungen sichtbar, die das Zusammenstoßen von Erdplatten bewirkt. Das Bild zeigt, wie unter Druck und Hitze die Gesteinsschichten gestaucht, gedehnt und gefaltet werden. Was uns wie ein in dramatischer Bewegung erstarrter Wellenberg erscheint, war noch vor 200 Millionen Jahren der fein geschichtete Grund eines Ozeans. Die tektonischen Kräfte der Erde haben daraus eine faszinierende Felslandschaft geschaffen, in der man bis in die Gipfellagen fossile Muscheln und Korallen aus dem ehemaligen Meer findet.

Foto:
Bernhard Edmaier

Vor 45 Millionen Jahren kollidierten der indische Subkontinent und die eurasische Platte, die einst durch ein Meer getrennt waren. Es bildete sich das Himalaya-Gebirge – ein Prozess, der noch immer anhält und erst in zehn bis zwanzig Millionen Jahren zum Stillstand kommen wird. Vierzehn der Berge des Himalaya sind über 8.000 Meter hoch, der Mount Everest ist mit 8.848 Metern unter ihnen der höchste. Benannt wurde der Mount Everest nach dem Kartografen George Everest, der im 19. Jahrhundert den Gipfel als erster vermessen hat. Manche Berge tragen bis heute die Namen derer, die sie entdeckt oder zum ersten Mal bestiegen haben. Man gab ihnen diese Namen, weil man glaubte, einen Berg in Besitz zu nehmen, wenn man ihn entdeckt, vermessen oder bestiegen hat. Dadurch machte man vergessen, welche Bedeutung diese majestätischen Berge für die Menschen haben, die seit Jahrtausenden mit ihnen leben und für die diese Berge Heilige Orte sind. Den Mount Everest nennen die Tibeter „Chomolungma" – Mutter des Universums. Die Nepalesen nennen ihn „Sagarmatha" – Stirn des Himmels.
Der Nationalpark Sagarmatha, Nepal, gehört seit 1979 zum UNESCO-Welterbe.

Foto:
Colin Monteath/Hedgehog House/ Minden Pictures/Getty Images

Kein von Menschenhand geschaffenes Kunstwerk hat eine solch rhythmische Monumentalität und ornamentale Kraft wie The Wave, die faszinierende Sandsteinformation der Coyote Buttes in der Paria Canyon-Vermillion Cliffs Wilderness in Utah. Gewaltig in ihrer Dynamik und doch nur so flüchtig wie eine Meereswelle aus Sand. Es sind 170 Millionen Jahre alte Dünen, die von Salzlösungen durchdrängt und gefestigt wurden. Aber die Nuancenvielfalt des feingeschichteten Sandsteins wird vom Wasser, das dieses Naturwunder hervorbrachte, auch wieder abgetragen.

Foto:
Olivier Grunewald

Mächtig und ewig erscheinen die gewaltigen Felsmassive des Himalaya, der Anden und der Rocky Mountains. Dabei werden sie, kaum dass sie entstanden sind, auch schon wieder durch Verwitterung und Erosion abgetragen. Die Kräfte des Windes und des Wassers, Sonne und Kälte höhlen, brechen, schleifen, mahlen das Gestein. Bäche und Flüsse führen das so entstandene Geröll und den Sand bis zum Meer, wo sie sich auf dem Grund absetzen und in Millionen von Jahren neues Sedimentgestein bilden.
Eindrucksvoll ist, wie tief sich der mäandrierende „Green River" in das Felsmassiv hineingefressen hat. Der Fluss verwandelt sich in Regenzeiten in einen reißenden Strom, der Massen von Schutt, Sand und Schlamm mit sich führt und sich seit zehntausenden von Jahren Schicht für Schicht in die Felslandschaft hinein gegraben hat. Dabei setzen sich die von dem Schlamm und Morast mitgeführten Algen am Uferrand ab und geben dem Felsen ihre grüne Farbe.

Foto:
Bernhard Edmaier

Der Blick in den Grand Canyon ist ein unvergleichliches Naturerlebnis. Man sieht die riesige Schlucht, die der Colorado in Jahrmillionen in das Gebirgsmassiv aus Sedimentgestein gegraben hat. Man staunt über die Kraft des Flusses und bewundert die kaum zählbaren Gesteinsschichten, die sich vom Tal bis hinauf zum Plateau auftürmen.
Diese Gesteinsschichten sind ein aufgeschlagenes Buch der Erdgeschichte. Liest man es von oben nach unten, so gelangt man vom gegenwärtigen Zeitalter Schicht für Schicht immer weiter in die Vergangenheit der Erde, durchwandert dabei alle erdgeschichtlichen Zeitalter, bis man sich unten im Tal in der Zeit vor 1,5 Milliarden Jahren befindet. So erzählen uns das Gestein und die in ihm gefundenen Fossilien Schicht für Schicht die Geschichte dieses Ortes: durch welche Kräfte er entstanden ist, wann sich hier das Meer ausbreitete, wann es das Land frei gab, welche Klima-Veränderungen es gab, wie sich das Leben entwickelte und welche Vielfalt hier herrschte.
Der Nationalpark Grand Canyon in den USA gehört seit 1979 zum UNESCO-Welterbe.

Foto:
Michael Nichols/Getty Images

26

Tropfen für Tropfen

Mit ihren bizarr geformten Stalagmiten und Stalaktiten gehört die Schilfrohrflötenhöhle im Süden Chinas zu den beeindruckendsten Tropfsteinhöhlen der Welt. Fast eintausend Menschen fasst der gewaltige Raum der Höhle, den man „Kristallpalast des Drachenkönigs" nennt.
Es sind nur Regentropfen, die diesen überwältigenden Raum geschaffen haben. Regenwasser, das im Karstgestein Kalk und Mineralien gelöst hat, bildet beim Eintritt in die Höhle Tropfen, die in der Luft verdunsten und dabei Kalk und Mineralien hinterlassen. Tropfen für Tropfen, Schicht für Schicht wachsen daraus Säulen. In 100 Jahren beträgt das Wachstum oft nur einen Zentimeter. Es war ein Millionen Jahre dauernder Prozess, bis Stalagmiten und Stalaktiten in der Schilfrohrflötenhöhle zu dieser Sinfonie aus Regentropfen geworden sind. Bevor der erste Mensch den Kristallpalast betreten hat, war dessen Pracht und Herrlichkeit in der Dunkelheit und Stille der Höhle verborgen. Nur die Regentropfen waren zu hören.
Die Karstlandschaft Südchinas gehört seit 2007 zum UNESCO-Welterbe.

Foto:
Pete Saloutos/Getty Images

27

Sixtinische Kapelle der Kristalle

Die „Cueva de los Cristales" ist die vielleicht prachtvollste Kristallhöhle der Welt. Ihre Kristalle mit einer Länge von 10 bis 15 Metern gehören zu den größten, die wir kennen. Es erscheint fast unvorstellbar, dass einzelne Kristalle zu einer solchen monumentalen Größe und geometrischen Ebenmäßigkeit heranwachsen. Möglich war das, weil sie tausend Meter unter der Erde im mineralreichen Wasser bei gleich bleibender Temperatur langsam und stetig wachsen konnten.
Der mexikanische Geologe Juan Manuel Garcia-Ruiz nennt sie die „Sixtinische Kapelle der Kristalle". Entdeckt wurde sie im Jahre 2000 von zwei Arbeitern beim Bau eines Tunnels in der Naica Mine im Bundesstaat Chihuahua in Mexiko.

Foto:
Carsten Peter

28

Felsen schwimmen im Nebelmeer

Im Süden Chinas liegt die Gebirgslandschaft Huangshan. Steil aufragende, bizarre Felsen, die von knorrigen Kiefern bewachsen sind, schwimmen in einem Nebelmeer. Huangshan ist ein alterndes Gebirge, das von den nagenden Kräften der Erosion gezeichnet ist. Wie das Gesicht einer alten weisen Frau, in deren Falten sich das ganze Leben widerspiegelt, empfinden die chinesischen Maler und Literaten seit tausend Jahren diese Landschaft. Die Betrachtung dieser zerklüfteten, im Wolkenmeer schwimmenden Berge ist für sie der Weg zur Erkenntnis der Schönheit und Wahrheit des Lebens als eines wunderbaren Kreislaufes von Werden, Vergehen und Wiedergeburt.
Die Berge von Huangshan dienten als Vorlage für die Halleluja-Berge in dem Science-Fiction-Film „Avatar – Aufbruch nach Pandora". Die Gebirgslandschaft Huangshan, China, gehört seit 1990 zum UNESCO-Welterbe.

Foto:
Wolfgang Volz

29

Auch Gebirge existieren nicht ewig

Auch die gewaltigsten Gebirge existieren nicht ewig. Durch die Kräfte des Windes, des Wassers, der Hitze und Kälte werden sie ausgehöhlt, aufgesprengt, ausgelaugt und abgeschliffen. Die nagenden Kräfte der Erosion werden auch die majestätischsten Gebirgsmassive in Millionen Jahren wieder in Wüsten verwandeln. Das Felsmassiv Tassili du Hoggar in der Sahara in Algerien zeigt, wie Verwitterung und Erosion in Millionen Jahren einen mächtigen Gebirgszug wieder zu einer Wüste gemacht haben. Nur noch einige Felsspitzen trotzen heute den Elementen.

Foto:
Michael Martin/laif

31

Der Planet des Wassers

Diese isländische Landschaft am Mýrdalsjökull-Gletscher ist wie eine Urzeitlandschaft von vulkanischen Kräften gestaltet, wie wir sie von anderen Gesteinsplaneten und Monden kennen. Aber da ist Wasser in all seinen Erscheinungsformen. Man sieht die Eismassen des Mýrdalsjökull-Gletschers und wie das Schmelz- und Regenwasser hinunter ins Tal fließt. Rinnsale und Bäche vereinigen sich zu Flüssen und Strömen, die das Wasser zum Meer bringen, wo es wieder verdunstet und als Wolken wieder zurückkehrt. So sehen wir miteinander auf diesem Bild das Wasser in seinen verschiedenen Formen: gefroren zu Gletschern, als fließendes Wasser und verdunstet zu Wolkenbergen.
Manche Wissenschaftler nennen die Erde einen Wasserplaneten, weil kein anderer uns bekannter Himmelskörper über so viel Wasser verfügt, dass sich daraus ein Reichtum des Lebens wie auf der Erde entwickeln könnte.

Foto:
Hans Strand

32

Der Rachen des Teufels

150_151 Der Fall des Iguazú ist vielleicht der spektakulärste Wasserfall der Erde. „Das große Wasser", wie ihn die indianische Urbevölkerung nannte, stürzt in einer Breite von 2.700 Metern über hunderte Felsvorsprünge bis zu 80 Meter in die Tiefe des „Garganta del Diablo" – in den „Rachen des Teufels". Von besonderer Schönheit ist, dass die stürzenden Wassermassen und bizarren Felsen von den üppig wachsenden Bäumen und Pflanzen des subtropischen Regenwaldes umgeben sind. Dieser gigantische Wasserfall entstand vor 100.000 Jahren, als sich das Mündungsgebiet des Iguazú absenkte. Die indianische Legende dagegen erzählt von der schönen Häuptlingstochter Naipi, die dem Schlangengott M´boi versprochen war, deren Liebe aber einem tapferen jungen Krieger gehörte. Als beide in einem Boot auf dem Iguazú flohen, zerschlug der Schlangengott das Flussbett, und der Fluss stürzt seither hier in die Tiefe. Der junge Krieger wurde in einen Felsen im Wasser verwandelt, die Häuptlingstochter in eine Palme. Seither versuchen Fels und Baum verzweifelt zueinander zu kommen.
Der Nationalpark Iguazú (Argentinien, auf brasilianischer Seite: Iguaçu) gehört seit 1984 (in Brasilien seit 1986) zum UNESCO-Welterbe.

Foto:
Rafael Roja/Photolibrary

33

Die Lebensadern der Erde

Nur die wenigsten von ihnen verlaufen geradlinig. Manche teilen sich in verschiedene Arme. Andere – wie der Nicholson River – winden sich in vielen Schleifen durch die Landschaft. Jeder Strom hat sich in der erdgeschichtlichen Entwicklung einen eigenen Verlauf geschaffen.
Der Blick von oben zeigt: Flüsse sind die Lebensadern unseres Planeten. Ein verzweigtes Netz, dessen Kapillare die Rinnsale sind, die das Schmelz- und Regenwasser sammeln und in Bächen vereinen. Gespeist aus Nebenflüssen, wachsen sie zu Flüssen und Strömen, die das Wasser zum Meer bringen, wo sich der Kreislauf des Wassers erneuert.
Wir lernen, welches die längsten und breitesten Ströme der Erde sind. Aber das Wunder des fließenden Wassers ist das gewaltige, feingliedrige, weit verzweigte Netz der Wasseradern, das in seinem Kreislauf das Elixier des Lebens über die ganze Erde verteilt.

Foto:
Klaus D. Francke

34

Naturschauspiel Küste

An den Küsten treffen seit Milliarden Jahren die Kräfte des Meeres und des Landes aufeinander, schaffen faszinierende Gesteinsformationen und eine Vielzahl einzigartiger Lebensräume. Zu diesen gehört Snares, eine der subantarktischen Inseln mit reichhaltiger Fauna.

„Als eine Welle durch den Tang an die einsame Insel strömte, verdeutlichte ich die brandende Bewegung der auflaufenden Flut durch eine lange Belichtungsdauer. Diese Insel ist das Zuhause von Pelikanen, Sturmvögeln und Pinguinen, deren Leben vom Überfluss der umgebenden subantarktischen Gewässer abhängt."
(Frans Lanting)

Die subantarktischen Inseln Neuseelands – Snares, die Bounty-Inseln, Antipodeninseln, Auckland-Inseln und Campbell – gehören seit 1998 zum UNESCO-Welterbe.

Foto:
Frans Lanting

35

Gewaltigstes Bauwerk und größtes Lebewesen

Kein Lebewesen hat ein solch monumentales Bauwerk errichtet wie die winzig kleinen Steinkorallenpolypen in Symbiose mit blaugrünen Algen. In 25 Millionen Jahren schufen sie vor der Nordostküste Australiens das Great Barrier Reef. Die Baumethode ist einfach: Milliarden von Steinkorallen scheiden den mit der Nahrung aufgenommenen Kalk in Form von kleinen röhrenförmigen Skeletten aus, die sich mit dem Korallenriff verbinden und es dadurch beständig wachsen lassen. Man bezeichnet deshalb das Great Barrier Reef auch als das gewaltigste Lebewesen. Das Große Barriere-Riff ist auch einer der artenreichsten Lebensräume der Erde. Mehr als 300 Korallenarten und 1.500 Fischarten sind hier zu Hause, darunter Riesenrochen und Haie. Dabei schafft das Große Barriere-Riff die Lebensgrundlagen für dieses Meeresparadies selbst, denn das Wasser, in dem das Riff „lebt", ist nährstoffarm.
Seit 1981 ist das Große Barriere-Riff Teil des UNESCO-Welterbes.

Foto:
Jürgen Freund

36

Wie aus einem Fantasy-Film

Noch sind die Weiten und Tiefen der Ozeane wenig erforscht. Da gibt es Meerestiere, deren Gestalten uns in Science Fiction- und Fantasy-Filmen als Wesen von fremden Planeten gezeigt werden könnten, Meerestiere wie diese Leuchtgarnele aus der Gattung der Sergestes.
Die Larve hat feinverästelte Antennen, die das Schweben im Wasser ermöglichen.

„Das ausgewachsene Tier ist, wie viele Lebewesen des tiefen Wassers, in der Lage, durch schwache Biolumineszens einen Schattenwurf im Dämmerlicht zu verhindern und sich somit vor Räubern zu tarnen."
(Solvin Zankl)

Foto:
Solvin Zankl

37

Das große Fressen

Sardinen leben das Jahr über in Schwärmen in einer Meerestiefe von 25 bis 100 Metern. Wenn sich im Frühling und Herbst Sardinen in großer Zahl auf ihre jährliche Wanderung begeben, locken sie Haie, Delfine, Wale, Robben, Raubvögel und andere Fressfeinde zu Tausenden an.

Foto:
Jason Heller/Animal Press

39

Ein Ökosystem aus Eis

Von den Polen bis zum Äquator erstrecken sich verschiedene Klimazonen, in denen sich in Millionen von Jahren ganz unterschiedliche Lebensräume mit einer eigenen Flora und Fauna entwickelt haben: die polare Zone, die Tundra, die Nadelwälder der Taiga, die Laub- und Mischwälder der gemäßigten Zone, Gras- und Steppenlandschaften sowie die tropischen Regenwälder. Von diesen Lebensräumen ist nur noch die Antarktis ein intaktes Ökosystem.
Gewaltige Eislandschaften befinden sich vor der antarktischen Küste des Weddell-Meeres. Hier leben die Kehlstreifenpinguine, auch Zügelpinguine genannt. Es sind Koloniebrüter. Ihre Brutplätze befinden sich auf dem felsigen Strand. Zur Nahrungssuche müssen sie täglich den beschwerlichen Weg über das Packeis bis zum Meer bewältigen, wo sie Krill und kleine Fische finden.

Foto:
Winfried Wisniewski

40

Herden aus 100.000 Tieren

Eine Herde Karibus (Rentiere) ist in der subarktischen Taiga Sibiriens auf ihrer jährlichen Frühlingswanderung. Karibus leben normalerweise das ganze Jahr in kleinen Gruppen. Zur großen Wanderung aber finden sie sich zu großen Herden zusammen, die mehr als 100.000 Tiere umfassen können. Im Mai und Juni brechen die Karibus nicht nur in Sibirien zur großen Wanderung auf, sondern in ganz Nord-Eurasien und Nordamerika. Im Schutz der Gemeinschaft bringen in dieser Zeit die Kühe ihren Nachwuchs zur Welt. Meist laufen die Weibchen und ihre Jungen an der Spitze der Herde. Ihre Wanderung führt sie aus der bewaldeten Taiga weiter nördlich in die weite Landschaft der Tundra, in der sie sich in den Sommermonaten ausreichend ernähren können. Wenn sich der Winter ankündigt, sammeln sich die Karibus wieder und ziehen als Herde zurück in den Süden, wo im Herbst Brunstzeit ist. Im Winter findet man sie in kleinen Gruppen in den Wäldern, Tälern und an den Seen der Taiga.

Foto:
Dean Conger/
National Geographic/
Getty Images

41

Ein Unterschied von wenigen Grad

Die Tundra ist der karge Lebensraum der Nadelwälder Nordeuropas, Sibiriens und Nordamerikas. Hier gibt es lange Winter und nur kurze Sommer. Obgleich der Permafrostboden dort niemals taut, gibt es eine vielfältige Tier- und Pflanzenwelt. Die Tundra ist, wie hier im Wrangell-St.-Elias-Nationalpark, eine stark von der Eiszeit geprägte Landschaft.

*„Wenige Grade Temperaturdifferenz können den Unterschied zwischen einer von Eis bedeckten und einer mit Bäumen bewachsenen Landschaft bewirken. Ein heranwachsender Wald aus Pionier-Nadelbäumen bedeckt den erst vor kurzem von einem sich zurückziehenden Gletscher freigelegten Talboden.
Im Laufe der Zeit haben Klimawechsel Eiszeiten hervorgerufen, die die Oberfläche der Erde auf allen Kontinenten formten, indem sie Felsen zerrieben und Nährstoffe freisetzten, welche sich im Boden anreichern und in die Nahrungskette eingehen."
(Frans Lanting)*

Die Nationalparks Wrangell-Saint-Elias und Kluane in Kanada und den USA gehören seit 1979 zum UNESCO-Welterbe.

Foto:
Frans Lanting

42 43

Der vor Staunen geöffnete Mund

Der Yosemite-Nationalpark im Osten Kaliforniens ist eine einzigartige Naturlandschaft, zu der ausgedehnte Nadelwälder, kristallklare Gletscherseen, machtvolle Wasserfälle und mächtige Monolithfelsen wie der Half Dome gehören. Die Kräfte der Eiszeit waren hier eindrucksvoll am Werk. Die Ureinwohner gaben der Landschaft den Namen „Ahwahnee", was in der indianischen Sprache „der vor Staunen geöffnete Mund" bedeutet.
Das „glorreichste Wunder der Natur" nannte John Muir das Yosemite-Tal. Im Angesicht der Naturschönheit von Yosemite erkannte er, dass für die Menschheit die Bewahrung der Naturschätze genau so wichtig ist wie die Bewahrung der wertvollsten Kulturgüter. Er wurde im 19. Jahrhundert zum Begründer der amerikanischen Nationalpark-Bewegung. Bis heute nennt man ihn „Vater der Nationalparks".
Der Yosemite-Nationalpark wurde 1890 gegründet. Seit 1984 gehört er zum UNESCO-Welterbe.

Foto:
Richard Sisk/Premium

44

Die Giganten unter den Bäumen

Die Mammutbäume (Redwoods) sind an der amerikanischen Westküste der USA beheimatet. Sie können bei einem Durchmesser von 6 Metern eine Höhe von 110 Metern und ein Alter von über 2.000 Jahren erreichen.
Der Mammutbaum, von dem diese Baumscheibe stammt, wurde im Rahmen der Durchforstung im nordkalifonischen Six Rivers National Forest zum Fällen freigegeben. Die Ringe der Baumscheibe zeigen, dass er 750 Jahre alt wurde. 1989 übergab Barbara Bush, die Frau des damaligen US-Präsidenten George Bush sen., diese Baumscheibe als Geschenk des amerikanischen Volkes den Bürgern Bonns zur 2.000-Jahr-Feier ihrer Stadt. Die Tafeln, die an den entsprechenden Jahresringen angebracht sind, erinnern an wichtige Ereignisse der Stadtgeschichte Bonns.
Die Baumscheibe steht normalerweise in der Bonner Rheinaue.

Foto:
Thomas Wolf

45

Die Giganten unter den Bäumen

Riesige Mammutbäume (Redwoods) wachsen in den Naturparks von Kaliforniens. Der höchste von ihnen ist der 115 Meter hohe Küstenmammutbaum „Hyperion", der im Redwood Nationalpark steht. Der voluminöseste mit dem Namen „General Sherman" steht im Sequoia-Nationalpark. Er ist 83,8 Meter hoch, hat einen Durchmesser von 8,25 Metern in Brusthöhe und ein Alter von 1.900 bis 2.500 Jahren.
Mammutbäume können so alt werden, weil sie klimabeständig und weitgehend immun gegen Schädlinge und Pilzbefall sind. Riesenmammutbäume sind Pyrophyten, ihre dicke faserige Rinde schützt sie vor Waldbränden, die in den Wäldern von Kalifornien häufig auftreten.
Auch sind sie fähig, nach Waldbränden und Überschwemmungen ihre Baumkronen und ihr Wurzelwerk zu erneuern. Die Vermehrung der Mammutbäume nach Waldbränden ist möglich, weil sich ihre Zapfen erst öffnen, wenn die Waldbrände vorüber und alle Pflanzen und Sträucher verbrannt sind. In deren nährstoffreicher Asche können neue Mammutbäume keimen.
Das Bild zeigt Mammutbäume im Yosemite-Nationalpark.
Der Yosemite-Nationalpark, USA, gehört seit 1984 zum UNESCO-Welterbe.

Foto:
Hellier/Alamy/Mauritius

46

Bäume auf Stelzen

Dieser Baum im Olympic National Park hat ein besonders Schicksal: „Stirbt" dort ein Baum, so wird er oft zur Geburtsstätte eines neuen Baumes. Auf den alten Stämmen fallen im Herbst von den benachbarten Bäumen Samen, sie keimen, wurzeln, nähren sich von ihm. Auch gibt der alte Baum dem jungen jahrelang nicht nur Nährstoffe, sondern auch Halt. Zunehmend suchen die Wurzeln aber ihren eigenen Weg in den Waldboden, um von dort den wachsenden Nährstoffbedarf zu holen.
Die jungen, bis ins Erdreich führenden Wurzeln müssen nun neben der Nahrungszufuhr auch die Aufgabe übernehmen, dem Baum Stabilität zu geben. Das führt zu einem verstärkten Wachstum der Wurzeln, denn diese müssen jetzt die gesamte Last des Baumes tragen.
Jahrzehnte später hat sich der alte Baum ganz aufgelöst, und der nun zu seiner vollen Größe herangewachsene Baum steht vor uns mit dieser eigentümlichen Öffnung zwischen den hochbeinigen Wurzeln, die man nur versteht, wenn man weiß, dass sie sich im Zusammenspiel mit der älteren Baumgeneration gebildet hat.
Der Olympic National Park, USA, gehört seit 1981 zum UNESCO-Welterbe.

Foto:
Bernhard Horstmann

47

Heilige Hallen des Waldes

Buchen wachsen in ganz Europa. Sie sind an Sommer und Winter in der gemäßigten Zone bestens angepasst. Die Keimlinge brauchen wenig Licht und die jungen Bäume wachsen auch auf kargem Boden schnell zu kräftigen Bäumen heran. Dadurch setzten sie sich in der Vergangenheit zumeist gegen andere Baumarten durch. Bevor der Mensch den Wald forstwirtschaftlich veränderte, war Europa zu fast 50 Prozent von Buchenwäldern bedeckt. Wie das Bild aus den Wäldern Norditaliens zeigt, sind naturbelassene Buchenwälder aber nicht artenarm, sondern bieten durch ihr reichliches Totholz vielen Pflanzen und Tieren vielfältige Lebensräume. Heute existieren in Europa nur noch wenige unberührte Buchenwälder. Einige davon hat die UNESCO als Weltnaturerbe anerkannt.
Als ältester Buchenwald in Deutschland gelten die „Heiligen Hallen" im Naturpark Feldberger Seenlandschaft in Mecklenburg-Vorpommern. Namen wie dieser – wie „Götterhain" oder „Gespensterwald" – erinnern daran, dass Buchenwälder für die Menschen in der Vergangenheit magische Orte und Kultstätten der Naturverehrung waren.

Foto:
Giovanni Simeone/
Bildagentur Huber

48

Im Minutentakt

Es gibt mehr als 10.000 Ameisenarten. Auf dem Bild sind Blattschneiderameisen zu sehen. Sie zerschneiden im Minutentakt nährstoffhaltige Blätter und transportieren sie in den Ameisenhügel, wo sie Pilzen als Nahrung dienen, die daraus die lebensnotwendigen Nährstoffe für die Ameisenkönigin und die anderen hier lebenden Ameisen produzieren. Bis zu 20 Prozent der Blätter eines Waldes verarbeiten die Blattschneiderameisen und sind deshalb für den Lebenskreislauf der Regenwälder unersetzbar.

Foto:
Christian Ziegler

Ein gewaltiger Organismus

Der tropische Regenwald ist ein gewaltiger vertikaler Lebensorganismus aus Bäumen, Pflanzen, Tieren und Mikroorganismen, die in verschiedenen Stockwerken miteinander existieren. Aus dem tropischen Regenwald, wie hier auf Borneo, ragen mehr als 50 Meter hohe Riesen hervor, deren Kronen über dem eigentlichen Laubdach des Waldes schweben, das von 20 bis 30 Meter großen Bäumen gebildet wird. Dieses Blätterdach absorbiert große Teile des Sonnenlichtes, so dass sich darunter ein dunkles, aber extrem fruchtbares feucht-warmes Klima bildet, in dem sich die artenreichste Fauna und Flora der Erde entwickelt hat, eine ungeahnte Vielfalt aus Pflanzen, Blumen, Vögeln, Reptilien und Insekten. Lianen und Kletterpflanzen überwuchern Bäume und Sträucher und schaffen dadurch in allen Stockwerken Lebensräume. Ein weiterer besonders produktiver Lebensraum ist der Waldboden. Insekten, Pilze und Bakterien verwandeln hier das ganze Jahr über die abgestorbenen Pflanzen und toten Tiere in fruchtbare Mineralien, die die Wurzeln der Bäume und Pflanzen dann mit dem Wasser wieder aufnehmen und als Nährstoffe durch Stamm und Äste zurück in den Lebenskreislauf des Regenwaldes transportieren.

Foto:
Frans Lanting

Der Nebelwald atmet

Im Morgennebel meint man, den tropischen Regenwald atmen zu sehen.
Die Feuchtigkeit, die sich zu Nebelwolken verdichtet, kommt aus dem Wald. Das dichte Blattwerk der Baumkronen ist eine riesige Verdunstungsfläche. Jedes der Blätter schwitzt unter Sonnenstrahlung durch seine Spaltöffnungen Feuchtigkeit aus, die das Wurzelwerk des Baumes aus dem Boden saugt und der Stamm und die sich verzweigenden Äste beständig nach oben pumpen.
Der tropische Regenwald hat seinen eigenen Wasserkreislauf. Hier fließt das Regenwasser nicht wie in den gemäßigten Zonen über Bäche und Flüsse zum Meer und kommt von dort als Wolken zurück. Im Tropenwald versickert nur ein geringer Teil des Regenwassers, das meiste saugen die Wurzeln der unzähligen Pflanzen und Bäume auf, die es – angereichert mit nahrhaften Mineralien – wieder zurück in das Blätterdach der Bäume bringen.
Dieser Kreislauf bewegt sich das ganze Jahr. Hier gibt es keine Jahreszeiten, in denen die Natur schläft.

Foto:
Louise Murray/Photolibrary

Auffallen oder Tarnen

Der Tukan ist ein Symbol für die bunte Exotik des tropischen Regenwaldes. Der Kontrast zwischen dem oft gelben und glänzend schwarzen Gefieder sowie der für seine Köpergröße riesige bunte Schnabel machen ihn zu einem der auffälligsten Vögel der Tropen. Dass es so viele Tiere und Pflanzen im Regenwald gibt, die ein exzentrisch auffälliges Aussehen haben, hat einen Grund in der Vielfalt der Lebewesen und ihrer starken Konkurrenz. Gerade im Paarungsverhalten haben sich in der Evolution deshalb oft die Pflanzen und Tiere durchgesetzt, die nicht nur gesund und stark sind, sondern deren Imponiergehabe besonders auffällig ist.

*Aber die Evolution bewirkt auch das Gegenteil. Sie bringt ebenfalls eine Vielzahl von Arten hervor, die so unauffällig aussehen, dass sie von ihrer Umwelt kaum zu unterscheiden sind. Diese Strategie der Tarnung wenden sowohl wehrlose Tiere wie wehrhafte Jäger an: „Sie schlüpfen in eine fremde Identität wie in ein Versteck, verkleiden sich als Blume, Blatt, Zweig, Flechte, um nicht Beute zu werden oder um sich Beute zu ergreifen."
(Ulla Henschel, GEOWissen, Nr.25)*

Foto:
Frans Lanting

Im nebligen Unterholz

*„Im Miniaturwirbel einer Liane macht ein handtellergroßer Blatthornkäfer der Gattung Megasoma eine Pause – mitten im nebligen Unterholz des tropischen Regenwaldes von Französisch-Guyana. Insekten machen in den tropischen Wäldern den größten Teil der Biomasse aus und tragen sehr zur extremen Artenvielfalt bei. Allein in Guyana sollen 300.000 Arten leben."
(Olivier Grunewald)*

Foto:
Olivier Grunewald

Das Wunder des Regenwaldes

Man erkennt einen Regenwaldbaum vor allem an seinen weit ausladenden Brettwurzeln, die dem mächtigen Baum Stabilität geben. In der Tiefe können sich die Wurzeln nicht verankern, denn der Boden ist karg und nährstoffarm.
Das ist das Paradoxe der tropischen Regenwälder: fruchtbarster Lebensraum entwickelt sich auf unfruchtbaren Böden. Die unzählbaren Pflanzen und Bäume können ihre Nährstoffe nicht, wie in den gemäßigten Zonen, dichten Humusschichten entnehmen. Im tropischen Regenwald hat sich ein anderes, geradezu perfektes Recycling-System entwickelt:
„Tote Pflanzen und Tiere werden das ganze Jahr lang durch kleine und kleinste Organismen im Boden besonders schnell abgebaut. Aus dieser dünnen Schicht werden die freigesetzten Nährstoffe von den Wurzeln mit Hilfe spezieller Pilze aufgenommen und dem Wachstum der Pflanzen zugeführt". (Thomas Gerken)
Dieser Energiekreislauf zeigt: Der Regenwald ist ein gewaltiger Organismus, der durch die wechselseitig sich durchdringenden Beziehungen aller in ihm existierenden Pflanzen und Tiere lebt.

Foto:
Joe Vogan/Photolibrary

54	55	56	57	58_59

Die wundersame Reise der Monarchfalter	**Die große Wanderung**	**Ein paradiesisches Reservat**	**In großen Schwärmen**	**Ein Rausch der Geschwindigkeit**

154_155

Es erscheint uns wie ein Wunder, dass die so filigran anmutenden Monarchfalter auf ihrer jährlichen Wanderung zwischen Mittel- und Nordamerika mehr als 4.000 Kilometer zurücklegen. Das Bild zeigt sie in ihrem Winterquartier in Mexiko. In dichten Trauben überwintern hier auf engstem Raum Abermillionen Monarchfalter. Im Frühjahr erwachen sie durch die wärmenden Strahlen der Sonne und beginnen ihren Flug in den Norden. Das Ziel ihrer langen Wanderung ist Kanada. Geleitet werden sie dabei sowohl durch den Sonnenstand als auch durch das Magnetfeld der Erde.
Aber diese Reise wird nicht von einer Schmetterlingsgeneration allein bewältigt, sondern bedarf, um das Ziel im Norden zu erreichen, des Lebens von drei aufeinander folgenden Generationen. So fliegt die erste Generation von Mexiko bis in die Gegend von Texas und South Carolina. Hier legen die Weibchen ihre Eier, die sich daraus entwickelnden Falter setzen die Reise nach Norden fort. Erst die dritte Generation erreicht die Wälder und Seen Kanadas. Hier leben sie bis zum Herbst, um dann wieder nach Mexiko zu fliegen und dort zu überwintern.

Foto:
Joel Sartore/joelsartore.com

Im Frühjahr sammeln sich in der Serengeti Zebras, Gazellen und Gnus zur großen Wanderung, die sie gemeinsam hunderte Kilometer durch die Savanne führt. Sie ernähren sich von Gras, wobei jede Art eine andere Sorte bevorzugt. Die Herden werden auf ihrer Wanderung von Löwen, Hyänen und Schakalen verfolgt.
Seit Jahrhunderten bewundern die Menschen die Zugvögel, die im Herbst in den Süden fliegen und im Frühjahr wieder zurückfinden zu ihren Nistplätzen im Norden. Es gibt fast 10.000 Arten, die regelmäßig auf dem Lande oder im Wasser große Wanderungen durchführen: Aale, Lachse, Meeresschildkröten, Schmetterlinge, Fledermäuse, Vögel, Zebras, Gnus, Gazellen, Wale und andere. Sie legen oft Tausende von Kilometern zurück, um ausreichend Nahrung und sichere Brutplätze zu finden. Auf diesen Wanderungen nutzen die Tiere unterschiedliche Formen der Orientierung: den Sonnenstand, die Sterne, das Magnetfeld der Erde oder die in ihren Genen gespeicherten Verhaltensweisen.
Der Nationalpark Serengeti in Tansania gehört seit 1981 zum UNESCO-Welterbe.

Foto:
Anup Shan/Getty Images

Der Meru-Nationalpark liegt im Osten Kenias in der Nähe des Mount-Kenia-Massivs. Zahlreiche Flüsse durchziehen das Land und machen es so fruchtbar, dass es zu einem paradiesischen Lebensraum für Antilopen, Löwen, Leoparden, Flusspferde, Krokodile, Büffel und Elefanten wurde. Die Savannen, Dschungel und Sumpfflächen des Meru-Nationalparks gehören zu den artenreichsten Wildreservaten der Erde.
Der Nationalpark Mount Kenia gehört seit 1997 zum UNESCO-Welterbe.

Foto:
Yann Arthus-Bertrand/Altitude

Der Nakuru-See ist einer der Salzseen Afrikas, in denen die Zwergflamingos einige der größten Vogelkolonien der Erde bilden. Die Zwergflamingos bewegen sich meist nomadisch zwischen den Salzseen Kenias, Namibias und Botswanas. In der Brutzeit aber kann die Kolonie aus bis zu einer Million Vögeln bestehen.
Eine Besonderheit der Zwergflamingos ist ihr rosafarbenes Gefieder, das sich durch rote Naturfarbstoffe bildet, die sie mit ihrer Nahrung aufnehmen. Die Salzseen sind seit Jahrmillionen ihr angestammter Lebensraum. Sie haben sich wie nur wenige Tiere den extremen Lebensbedingungen – dem hohen Salzgehalt und brütender Hitze – angepasst und haben dadurch nur wenig Konkurrenz bei der Nahrungssuche. Harmonisch leben sie mit den Rosaflamingos zusammen, die ihre Nahrung vor allem im schlammigen Boden finden, während die Zwergflamingos ihre Nahrung aus dem Oberwasser der Seen filtern. Wenn die Nahrung zur Neige geht, ziehen die Zwergflamingos weiter zu anderen Salzseen. Der Aufbruch einer ihrer riesigen Kolonien ist jeweils ein spektakuläres Naturereignis.

Foto:
Yann Arthus-Bertrand/Altitude

In der Wildnis Kenias jagt ein Gepard junge Gazellen.
Geparden sind die schnellsten Landsäugetiere der Erde. Die vorwiegend im Süden Afrikas lebenden Tiere erreichen Geschwindigkeiten von bis zu 120 Stundenkilometern. Möglich ist das durch die langen Gliedmaßen, die gelenkige Wirbelsäule, eine ausgeprägte Muskulatur und eine kräftige Lunge. Geparden leben in ihren Revieren der Savanne einzeln, paarweise oder in kleinen Gruppen. Es sind tagaktive Tiere, dadurch vermeiden sie Auseinandersetzungen mit den nachtaktiven Löwen, Leoparden und Hyänen.

Foto:
Randy Wells/Corbis

61

Sechsundzwanzig Wochen

Das Bild des Fotografen Lennart Nilsson zeigt einen Embryo in der 26. Woche der Schwangerschaft. Die Entwicklung eines Menschen im Mutterleib zu fotografieren, faszinierte den Fotografen viele Jahre. Er wollte in Bildern das Wunder sichtbar machen, das Darwin vor einem Jahrhundert wissenschaftlich erkannt hat: Die Ontogenese ist eine kurze Wiederholung der Phylogenese. Dass jeder werdende Mensch in den ersten Tagen seiner Existenz im Mutterleib den gewaltigen Prozess der Evolution durchlebt, das muss man, sagt Nilsson, nicht nur wissenschaftlich begreifen, sondern mit den Augen sehen können.
Das Bild hängt in der Ausstellung am Ende der Entwicklung der Natur, aus deren wunderbarer Evolution der Mensch hervorgegangen ist.

Foto:
Lennart Nilsson

62

Bilder aus der Zeit der Schöpfung

Solche Felszeichnungen malen die Ureinwohner Australiens, die Aborigines, seit über 40.000 Jahren mit Ockererde an Felswände. Die Bilder erzählen von der Tjukurpa, der Schöpfungszeit. In dieser Traumzeit, so die Legende, schufen ihre Urahnen – wie die große Regenbogenschlange – die Berge, Täler, Flüsse, Pflanzen, Tiere und schließlich die Menschen. Durch ihre Mythen, die in ihren Bildern und ihren Liedern leben, ist den Aborigines bewusst, dass sie aus den Kräften der Natur hervorgegangen sind und nur glücklich sein können, wenn sie die Erinnerung an die schöpferischen Kräfte der Traumzeit nicht verlieren.
Wenn die Bilder durch die Witterung verbleichen, übermalen die Aborigines sie seit Tausenden von Jahren mit der gleichen Ockerfarbe – und erneuern dadurch ihre Verbindung zu ihren Ahnen.
Der Nationalpark Kakadu, Australien, gehört seit 1981 zum UNESCO-Welterbe.

Foto:
Horst Mahr/Photolibrary

63

So alt wie die Pyramiden

4.785 Jahre alt ist der Bristlecone Tree, eine kalifornische Borstenkiefer, die in einer Höhe von 3.000 Metern im Bristlecone Forest in den White Mountains von Kalifornien wächst. Es ist einer der ältesten lebenden Bäume der Welt. Man nennt ihn nach der biblischen Figur Methusalem.
Aber was sind 5.000 Jahre? Erdgeschichtlich ist das nur ein Wimpernschlag.
Menschheitsgeschichtlich umfassen 5.000 Jahre fast die gesamte Entwicklung der Hochkulturen. Der Bristlecone Tree keimte auf, als in Ägypten, Assyrien und China die antiken Meisterwerke entstanden. Als mit der Geburt Christi unsere Zeitrechnung begann, war er bereits 3.000 Jahre alt. Wenn wir in dieser Ausstellung die kulturellen Leistungen menschlicher Baukunst bewundern, so sollte man sich daran erinnern: Dieser Baum hat in all diesen Jahren gelebt und sich entwickelt.

Foto:
Bernhard Horstmann

65

Ein Symbol des Sonnengottes Ra

Bergen gleich erheben sich die Pyramiden von Gizeh aus dem Wüstensand. Sie sind ein Symbol des Sonnengottes Ra, der zur Zeit der Herrschaft des Pharaos Snofru (Cheops) um 2600 v. Chr. die wichtigste Gottheit war. Die Texte im Inneren der Pyramide erzählen von der Verwandlung der verstorbenen Pharaonen in die Sonne. 25.000 Arbeitskräfte wurden gebraucht, um aus 2.300.000 Kalksteinblöcken in knapp 30 Jahren ein solches Monument zu errichten.
Die Cheops-Pyramide ist mit ihren 147 Metern zwar die höchste, die strahlendste aber ist die hier abgebildete Chephren-Pyramide. Ihre Spitze trägt noch die hell leuchtende Verkleidung aus weißem Turakalkstein, der einst alle drei Pyramiden von Gizeh bedeckte.
Die 19 Meter hohe und 72 Meter lange Sphinx schlugen Bildhauer aus einem Kalksteinmassiv des Plateaus von Gizeh. Die Sphinx ist ein Mischwesen aus Löwenkörper und Menschenkopf, die die hinter ihr liegende Totenstadt beschützt. Die Totenstadt Memphis mit den Pyramiden von Gizeh gehört seit 1979 zum UNESCO-Welterbe.

Foto:
Premium

66

Kosmische Ordnung

Die Kukulkan-Pyramide in Chichen-Itza auf Yukatan ist ein heiliger Berg, dessen Gestalt sich in die kosmische Ordnung einfügt. Die Stufenpyramide erhebt sich auf einem Basisquadrat von 55 Metern. An allen vier Seiten führen 365 Stufen auf die in 30 Metern Höhe liegende Plattform. Sie symbolisieren den Kreislauf des Jahres. Die Pyramide ist so ausgerichtet, dass bei Sonnen- und Wintersonnenwende der Schatten der Treppe das Bild einer Schlange ergibt.
Die Maya-Pyramide ist dem Schlangengott Kukulkan geweiht, den die Atzteken unter dem Namen Quetzalcoatl verehrten und der über die vier Elemente gebietet. Indem sie ihre heiligen Orte nach den Gesetzen des Kosmos bauten, glaubten die Maya, sie können durch ihre Opfer zur Harmonie der Welt beitragen und den wunderbaren Kreislauf der Natur nähren helfen.
Die Ruinen von Chichen-Itza in Mexiko sind seit 1988 UNESCO-Welterbe.

Foto:
Photolibrary

67	68_69	70	71	73

Der Nabel der Welt	**Stufen zur Befreiung**	**Wie ein Schwalbennest**	**„Die in der Luft schweben"**	**Kampf der Götter und Giganten**

156_157

Für viele Hindus und Buddhisten ist der im Hochland von Tibet gelegene Berg Kailash der Nabel der Welt. Noch kein Mensch hat seinen schneebedeckten Gipfel bestiegen. Der Berg hat eine fast symmetrische Gestalt und erinnert an eine Pyramide. Vier Flüsse fließen von hier aus in die vier Himmelsrichtungen und machen die Erde fruchtbar: Indus, Brahmaputra, Satluj und der sich in den Ganges ergießende Karnali.
Eine Pilgerreise zum Kailash ist für viele Gläubige die Erfüllung ihres Lebens. Täglich umrunden Hunderte unter Aufbringung all ihrer Kräfte den Berg. Mindestens 10 Stunden brauchen sie für den 52 Kilometer langen Rundweg. Auf dem Weg begegnen den Pilgern zahlreiche Stupas. Oft werden diese als Symbole des mythischen Weltenberges Meru angesehen. Dieser soll im Zentrum des Universums stehen. Der Kailash, auch das „große Schneejuwel" genannt, wird oft mit ihm identifiziert.

Foto:
Craig Lovell/Corbis

„Tempel auf dem Berg" heißt das buddhistische Heiligtum Borobudur in Indonesien, eine gigantische Stupa, die den Weltenberg Meru verkörpert. Als im 8. Jahrhundert dieser Tempel über einem Berghügel errichtet wurde, mussten 1,6 Millionen Steinquader bewegt werden, um die monumentale Terrassenpyramide zu bauen, die sich auf einem 113 Meter langen Sockel erhebt. Alle neun Terrassen des Tempels wurden von Tausenden Handwerkern und Künstlern prachtvoll gestaltet und mit ausdrucksstarken Skulpturen und Reliefs versehen.
Der Weg auf diesen Berg führt den Gläubigen durch den buddhistischen Kosmos. Der Weg beginnt unten in den Niederungen des alltäglichen Lebens mit seinen Versuchungen und steigt dann von Etage zu Etage auf. Es sind Szenen aus dem Leben Buddhas und der buddhistischen Heiligen, die den Gläubigen den Weg der Befreiung weisen in ein Leben ohne Begierden und Leid. Auf der obersten Etage erreichen die Gläubigen das Ziel – Nirwana. Von überwältigender Schönheit sind die in meditativer Haltung verharrenden 504 Buddhastatuen vor dem weiten Hintergrund der Landschaft.
Der buddhistische Tempel in Borobudur gehört seit 1991 zum UNESCO-Welterbe.

Foto:
Premium

Seit dem 6. Jahrhundert findet sich das „Hängende Kloster" wie ein Schwalbennest im Felsmassiv des Heng Shan, des Nordgebirges. Arbeiter errichteten es in Schwindel erregender Höhe, indem sie natürliche Felsvorsprünge nutzten und dem laubenartigen Gebäude von unten durch Stützen Halt gaben. Vierzig Räume hat das „Hängende Kloster", einer davon vereint Konfuzianismus, Buddhismus und Taoismus. Konfuzius, Buddha und Laozi stehen hier als Statuen einträchtig beieinander. Das Nordgebirge ist auch eines der fünf Heiligen Gebirge des Taoismus. Hier, in der Abgeschiedenheit der Berge, können die bewegenden Kräfte der Natur mit allen Sinnen erlebt werden.

Foto:
Karl Johaentges/Photolibrary

Aus dem Tal des Peneas in der thessalischen Ebene erheben sich mächtige Felskegel. „Die in der Luft schweben" ist die Bedeutung ihres griechischen Namens Meteora. Auf diese Berge zogen sich seit dem 11. Jahrhundert Einsiedler und Asketen zurück, um in der Einsamkeit nahe dem Himmel gottgefällig zu leben. Im 14. Jahrhundert, einer Zeit politischer Unruhen, erbaute eine Vielzahl von Mönchsorden auf den Felsen ihre Rückzugsorte: die Meteora-Klöster. Ende des 15. Jahrhunderts gab es bereits 24 von ihnen, die bis ins 17. Jahrhundert hinein bestanden. Heute werden noch vier Klöster von Mönchsgemeinschaften bewohnt.
Die Meteora-Klöster, Griechenland, gehören seit 1988 zum UNESCO-Welterbe.

Foto:
Kevin Schafer/Photolibrary

Der im 2. Jahrhundert geschaffene und in Berlin ausgestellte Pergamonaltar wird beherrscht von einem monumentalen, 113 Meter langen Fries. Er zeigt den Kampf der Erdgöttin Gaia und ihrer schlangenfüßigen Kinder, der Giganten, gegen die Götter des Olymps, die in diesem Kampf siegen, weil sie sich mit den Menschen verbinden.
Auf dem Bild sehen wir Zeus, der mit Hera und Herakles (zu erkennen an der Tatze auf dem Löwenfell) gegen den Anführer der Giganten, Porphyrion, und zwei weitere Giganten kämpft. Die Waffen des Zeus sind Blitz, Donner und Regen. Kraftstrotzend ist sein Körper dargestellt. Die Götter des Olymps besiegen gemeinsam die Götter der Natur. Fortan haben die griechischen Götter – auch – eine menschliche Gestalt.
Die Museumsinsel Berlin gehört seit 1999 zum UNESCO-Welterbe.

Foto:
bpk/Antikensammlung, SMB/ Johannes Laurentius

Steinzeitliche Riesen

Jacob Roggeveen, ein holländischer Seefahrer, hat sie als erster Europäer gesehen, als er Ostern 1722 die Insel Rapa Nui betrat: die Moais, monumentale Skulpturen aus vulkanischem Gestein mit einer Höhe von bis zu 20 Metern. Sie standen wie Wächterfiguren auf Plattformen entlang der Küste. Neunhundert dieser Moais existieren heute noch auf der Insel. Man vermutet, dass die Figuren von den Einwanderern geschaffen wurden, die um 300 n. Chr. die Insel besiedelten. Sie brachten eine hochentwickelte, steinzeitliche Kultur mit, zu der auch der Kult gehörte, die Ahnen in aus Stein geschlagenen Skulpturen zu verehren. Wie die meisten steinzeitlichen Kulturen, haben auch diese Einwanderer in den Steinen die Naturkraft gesehen, durch die das Leben und sie selbst entstanden sind und in die sie nach dem Tode wieder zurückkehren. Indem sie monumentale Figuren schufen, die sie anbeteten und denen sie Opfer brachten, versicherten sie sich der Kräfte und Energien ihrer im Stein eingeschlossenen Ahnen.
Der Nationalpark Rapa Nui (Osterinsel), Chile, gehört seit 1995 zum UNESCO-Welterbe.

Foto:
Bob Christ/Corbis

Mischwesen aus Mensch und Tier

Das Relief zeigt einen Menschen mit Vogelkopf, in dem beide Wesen zu einer würdevoll schreitenden Gestalt vereinigt sind. Solche Mischwesen finden sich in der Mythologie vieler Kulturen. In ihnen vereinen sich die Kräfte von Mensch und Tier.
In den Naturreligionen hatten noch die Götter die Gestalt der Naturkräfte. Aber schon in den frühen Hochkulturen Mesopotamiens und Ägyptens finden sich zunehmend Mischwesen, in denen die Kräfte des Menschen und der Natur miteinander verbunden sind. In der antiken Mythologie ist der Greif ein phantastisches Mischwesen aus Vogel und Mensch, das ein Symbol für scharfblickende Intelligenz und Sehertum war.
Dieses Relief eines vogelköpfigen, babylonischen Apkallu befindet sich in den Staatlichen Museen zu Berlin. Der in der Ausstellung gezeigte Abguss entstand in der Gipsformerei der Staatlichen Museen zu Berlin.

Foto:
Thomas Wolf

Die doppelköpfige Himmelsschlange

Die „Zweiköpfige Schlange" aus Holz, die mit einem Mosaik aus Türkisen und Seemuscheln belegt ist, stellt den Himmelsgott Xiuhcoatle dar, die göttliche Himmelsschlange. Das Wort für Schlange in der Sprache der Azteken ist Coatl. Dass dieses Wort in den Namen vieler Götter enthalten ist, zeigt die zentrale Bedeutung der Schlange für das Weltverständnis der Azteken. Es gibt die gefiederte Schlange Quetzalcoatl, die Erdgöttin Coatlicue und die Wolkenschlange Mixcoatle.
Die „Zweiköpfige Schlange" ist ein Meisterwerk aztekischer Kunst aus dem 15. Jahrhundert. Es befindet sich im Britischen Museum in London.

Foto:
The Trustees of the British Museum

Das menschliche Maß

Inmitten der Götter, deren Gestalt der Natur verbunden ist, steht eine Kopie des Speerträgers des griechischen Bildhauers Polyklet aus dem 5. Jahrhundert v. Chr. Polyklet hat mit dieser Skulptur ein Idealbild des Menschen geschaffen. Er hat den menschlichen Körper in seinen Proportionen genau vermessen und dargestellt, wie diese sich in der Bewegung verändern.
In Werken wie dem Speerträger entstanden erstmalig Skulpturen, die ausschließlich nach dem Maß des Menschen gestaltet waren. Seine Erfahrungen hielt Polyklet in der Schrift „Kanon" fest.
Das Original der Speerträger-Skulptur (Doryphoros) befindet sich im Archäologischen Museum in Neapel.

Foto:
Thomas Wolf

Gottkönige und Himmelssöhne

In den meisten Kulturen gab es Gottkönige und Himmelssöhne. Man verehrte sie als Verkörperung der Götter auf Erden. Auch der ägyptische Pharao Tutanchamun war ein Gottkönig. Seine Totenmaske zeigt ihn in strahlender Vollkommenheit und göttlicher Erhabenheit – aber dieser Gott hat die Gesichtszüge eines Menschen. Die Götter der Naturvölker hatten noch die Gestalt von Bergen, Flüssen und Tieren. Durch die Gottkönige und Himmelssöhne erhielten die Götter menschliche Züge. Götterbilder wie die Totenmaske des Tutanchamun haben keine Ähnlichkeit mit seinem wirklichen Aussehen. Es ist ein Gesicht von absoluter Vollkommenheit, wie sie nur einem Gott zukommt.
Theben und seine Totenstadt, Ägypten, gehört seit 1979 zum UNESCO-Welterbe.

Foto:
Upperhall Ltd./Photolibrary

80	81	82_83	85	86

Der Herr der Welt	**Ecce homo**	**Der große Buddha**	**Harmonie und Ausgeglichenheit**	**Das achte Weltwunder**

158_159

Hoch über Rio de Janeiro steht auf dem Berg Corcovado „Cristo Redentor" – Christus der Erlöser. Wie der Herr der Welt erhebt er sich über die Wolken, das Meer und die Stadt.
Die 1931 errichtete Monumentalskulptur ist 30 Meter hoch, die Spannweite ihrer Arme beträgt 28 Meter. Anlässlich des 75. Jahrestages ihrer Errichtung wurde die Skulptur 2006 zum Wallfahrtsort geweiht, zu dem jährlich Millionen Menschen pilgern.

Foto:
Frans Lanting

Die Skulptur zeigt einen Gott – nicht mächtig, weise, väterlich, sondern eine leidende, gequälte, gebrochene Kreatur. Ein Gott, der hilflos im Schoße seiner von Schmerz erfüllten Mutter liegt. Welch eine Herausforderung für die Gläubigen: Ihr Gott, von dem sie Schutz, Zuwendung und Gnade erwarten, braucht selbst Mitleid und Hilfe. Ecce homo – siehe, ein Mensch.
Darstellungen wie diese Pieta aus dem Rheinischen Landesmuseum Bonn waren im 14. Jahrhundert weit verbreitet. Sie bewegten die Gläubigen und erweckten ihr Mitgefühl.

Foto:
LVR Landesmuseum Bonn

Man nannte Ayutthaya die „gesegnete Stadt der Engel und der Könige". Vom 14. bis zum 17. Jahrhundert war es eine blühende Handelsmetropole, in der bis zu einer Million Menschen lebten. Hoch aufragende Tempeltürme, prächtige Paläste und riesige Buddhastatuen prägten das Gesicht der Stadt. Glanz und Größe verblassten im 18. Jahrhundert: Als am 7. April 1767 Ayutthaya von burmesischen Truppen geplündert und zerstört wurde, sollen – so berichtet eine Legende – aus den Augen der großen Buddha-Statue Tränen geflossen sein.
Alljährlich wird der liegende Buddha des Wat Lokaya Sutharam in Ayutthaya an Buddhas Geburtstag mit neuen safrangelben Stoffbahnen bedeckt.
Die Ruinen von Ayutthaya gehören seit 1991 zum UNESCO-Welterbe.

Foto:
Michael Yamashita

Es gibt viele Gotteshäuser, die größer, prachtvoller und überwältigender sind als der Parthenon. Aber keines ist so harmonisch und ausgewogen. Hoch über Athen auf dem Plateau der Akropolis gelegen, ist er der Göttin Athene geweiht – aber seine Gestalt befriedigt vor allem das Bedürfnis der Menschen nach Harmonie und innerer Ausgeglichenheit. Alle Elemente stehen in maßvollen Proportionen zueinander: Das Gebäude hat eine Grundfläche von 30 x 70 Metern, auf der sich 8 x 17 Säulen mit einer Höhe von 10,4 Metern erheben, die die Last der Decke tragen. Auch die meisterhaften Skulpturen und Reliefs fügen sich ein in die harmonische Gestalt des Tempels.
Bis ins 3. Jahrhundert entfaltete der Parthenon seine Schönheit vor dem azurblauen Himmel Attikas. Im 6. Jahrhundert wurde er in eine christliche Kirche mit einem Kirchturm umgebaut. Ab 1460 benutzten die Türken den Tempel als Moschee, und der Kirchturm wurde zum Minarett. Später diente die Akropolis als Munitionsdepot, bevor sie total zerstört wurde. In den Jahren 1802 bis 1804 transportierten 33 Schiffe wertvolle Skulpturen und Reliefs des Parthenon nach England. 1834 begann der Wiederaufbau in seiner ursprünglichen Gestalt. Er dauert bis heute an.
Die Athener Akropolis in Griechenland gehört seit 1987 zum UNESCO-Welterbe.

Foto:
Achim Bednorz

Über 800 Jahre war die Hagia Sophia im heutigen Istanbul die Haupt- und Krönungskirche des Byzantinischen Reiches. Lange galt sie als das achte Weltwunder. Gebaut wurde sie im Auftrag von Kaiser Justinian I. in nur fünf Jahren. Das Gebäude hat die Grundform eines griechischen Kreuzes. Mächtige Wände tragen das riesige Gewölbe mit einem Durchmesser von 31 Metern. Als es 558 einstürzte, erhielt die Hagia Sophia ein neues, noch höheres Gewölbe und große Fenster. Das eindringende Licht bricht sich in den glänzenden Mosaiken und gibt dem Innenraum seither seine überwältigende Ausstrahlung.
Die Hagia Sophia hat eine wechselvolle Geschichte. Als christliche Kirche gebaut, wird sie nach der Eroberung Konstantinopels durch die Türken in eine Moschee umgewandelt. Vier große Minarette wurden gebaut. Die byzantinischen Mosaike wurden nicht zerstört, sondern dort, wo sich figürliche Darstellungen befanden, übertüncht oder mit kreisförmigen Scheiben abgedeckt, auf denen Koranverse zu lesen sind.
1931 wurde aus der Hagia Sophia ein Museum, in dessen Geschichte sich die Kulturen des Morgenlandes und des Abendlandes durchdringen.
Die historischen Bereiche Istanbuls mit der Hagia Sophia gehören seit 1985 zum UNESCO-Welterbe.

Foto:
Erich Lessing/AKG Images

87

„Die leuchtende Zier der Welt"

Die andalusische Stadt Cordoba war in der Zeit der maurischen Herrschaft ein wirtschaftliches und kulturelles Zentrum Europas. 800.000 Menschen verschiedener Religionen lebten hier. Von Cordoba aus verbreitete sich vor allem das im Mittelalter verloren gegangene Wissen der Antike in Europa. Die christliche Nonne Roswitha von Gantersheim schrieb damals: „Über dem Westen strahlt die leuchtende Zier der Welt, Cordoba."
Geht man in die große Moschee von Cordoba, so durchquert man zuerst den Orangenhof mit seinen Zitrusbäumen, Palmen und Zypressen und dem Brunnen. Betritt man dann das Gebäude, steht man in einem riesigen Wald aus Säulen. Fast jede ist individuell gestaltet. Einige stammen noch aus den Kirchen, die die Römer und Westgoten einst hier erbaut hatten.
Die Kapitelle der Säulen tragen doppelte hufeisenförmige Bögen. Einst konnte der Blick der Gläubigen ungehindert durch diesen wunderbaren Säulenwald schweifen. Seit dem 16. Jahrhundert aber ist ihnen dieser Blick verwehrt. Die katholischen Könige haben, nach der Vertreibung der Mauren aus Cordoba, in die Mitte der Moschee eine katholische Kathedrale gebaut, die das Dach der Moschee nach oben durchstößt und triumphierend gen Himmel strebt.
In das UNESCO-Welterbe wurde sie 1984 unter der Bezeichnung „Moschee-Kathedrale" aufgenommen.

Foto:
Achim Bednorz

88

Die heilige Stätte der Juden

Die Stadt Jerusalem trug 1800 v. Chr. den Namen Uruschalim – Stadt des Friedens. Nach der Eroberung durch König David 997 v. Chr. war sie unter seiner Herrschaft das Zentrum des Reiches der Israeliten. Auf dem Tempelberg ließ sein Nachfolger Salomon einen Tempel für Jahwe errichten, der später von Nebukadnezar II. zerstört wurde. Nach der Rückkehr aus der babylonischen Gefangenschaft wurde der zweite Tempel erbaut, unter Herodes ausgebaut und 70 n. Chr. von den Römern niedergerissen. Die „Westliche Mauer", wie die jüdischen Gläubigen die Reste des zweiten Tempels nennen, ist seither eine der heiligsten Stätten der Juden. An dieser „Klagemauer" beten die Gläubigen, und in die Ritzen zwischen den Steinen stecken sie Zettel mit Gebeten und Fürbitten.
Die Altstadt und Stadtmauern von Jerusalem gehören seit 1981 zum UNESCO-Welterbe.

Foto:
Kord/Premium

89

Der heilige Fels

Im Felsendom in Jerusalem treffen drei Religionen aufeinander, die einen gemeinsamen Gott haben und die durch die Geschichten aus dem Alten Testament verbunden sind: Judentum, Christentum und Islam.
Das Bild zeigt den heiligen Fels, über dem sich seit dem 7. Jahrhundert die Kuppel des Felsendoms erhebt. Abraham sollte hier auf Befehl Gottes seinen Sohn töten, und hier stand einst der Altar des Salomontempels. Am Abend bevor Mohammed mit dem frauenköpfigen Pferd Buraq von diesem Fels zu seiner Himmelsreise aufbrach, soll er zusammen mit den Propheten Moses, Abraham und Jesus hier gebetet haben.
Im Jahr 687 ließ der Omayyaden-Kalif Abd al-Malik die strahlende Moschee bauen, die sich bis heute über dem Felsen erhebt.
Die Altstadt und die Stadtmauern von Jerusalem gehören auf Antrag Jordaniens seit 1981 zum UNESCO-Welterbe.

Foto:
Georg Gerster

90

Wie ein orientalischer Teppich

Die Schahmoschee (Heute: Imammoschee) in Isfahan verkörpert die Herrlichkeit des Islam und die Macht des Schahs Abbas I., der sie im 17. Jahrhundert errichten ließ. Der Besucher erstarrt in diesem riesigen Gotteshaus nicht vor Ehrfurcht, denn kaum hat er es betreten, wird sein Auge von der Fülle der pflanzlichen Ornamente angezogen, die den ganzen Raum erfüllen. Sie sind wie ein Teppich gestaltet, der seine besondere Leuchtkraft durch die glasierten Keramikkacheln und Emailmosaike erhält, die die Wände bedecken. Alles ist geometrisch streng gegliedert, aber es ist eine Ordnung, die die unzähligen Blumen und Pflanzen zu einem großen fließenden Ornament verbindet und sich in den überwältigenden Stalaktitendecken vollendet. Die Schahmoschee in Isfahan ist ein Paradiesgarten.
Der Meidan-e-Schah von Isfahan, Iran, gehört seit 1979 zum UNESCO-Welterbe.

Foto:
Kazuyochi Nomachi

91

Eine revolutionäre Bauweise

Kirchen zu bauen, die in ihrer Größe, Leichtigkeit und Transparenz dem Himmel gleichen, konnte nur durch eine neue, sich von der Romanik unterscheidende, revolutionäre Bauweise gelingen. So setzte die imposante Höhe der gotischen Kirchenschiffe den Bau von Strebebögen voraus, die den Druck von der Decke nach unten auf die Pfeiler lenkten. Dadurch wurden auch die Außenwände entlastet. Es war nun möglich, die Außenwände der Kathedralen dünner zu bauen und darin Fensteröffnungen zu schaffen, in die man große farbige Glasfenster und Rosetten einsetzte, die den Innenraum transparent machten und mit göttlichem Licht erfüllten.
Der Kölner Dom gehört seit 1996 zum UNESCO-Welterbe.

Foto:
Achim Bednorz

92	93	94_95	96	97

Vereint in einem Stein	**Aus einem einzigen Stein**	**Die Natur ist ein Heiliger Raum**	**Die Augen Buddhas**	**Der Heilige Fluss der Hindus**

160_161

Die Hindus, die den Kailash-Tempel schufen, wollten, dass er ihrem heiligen Berg Kailash gleiche. Nicht nur in der äußeren Gestalt sollte er ihm ähnlich sein, sondern er sollte wie jener aus nur einem Stein bestehen. Zweihundert Jahre dauerte es, bis Arbeiter aus dem Basaltmassiv den monumentalen Tempel herausgeschlagen hatten und er von Handwerkern innen und außen mit höchster Kunstfertigkeit gestaltet war.
In dem zwei Kilometer langen Felsmassiv von Ellora in Maharashtra sind in der Zeit von 600 bis 1000 n. Chr. insgesamt 34 Felsentempel entstanden. Hier leben seit eintausend Jahren Buddhisten, Hinduisten und Jainisten friedlich miteinander „in einem Stein".
Die Höhlentempel von Ellora in Indien gehören seit 1983 zum UNESCO-Welterbe.

Foto:
Adam Woolfitt/Photolibrary

Im Hochland von Äthiopien befinden sich die Felsenkirchen von Lalibela. Sie entstanden im 11. Jahrhundert während der Regierungszeit des Königs Lalibela. Gott selbst soll ihm befohlen haben, aus „einem einzigen Stein" ein zweites Jerusalem zu schaffen. Es war die Zeit, als die Sarazenen Jerusalem erobert hatten.
In wenigen Jahrzehnten wurden damals aus einem Tuffsteinmassiv elf Kirchen herausgemeißelt, die durch Gräben und Tunnel miteinander verbunden sind. Die Kirchen sind in ihrer klaren kubischen Gestalt wie mit dem Felsen verwachsen. Am eindrucksvollsten ist die auf dem Bild gezeigte Kirche Bet Giyorgis mit dem Grundriss in Form eines griechischen Kreuzes.
Die Felsenkirchen von Lalibela ziehen immer noch Gläubige und Pilger an. Seit 1978 gehören sie zum UNESCO-Welterbe.

Foto:
George Steinmetz/Corbis

Wenn die Flut kommt, wird das 16 Meter hohe Tor vom Wasser eingeschlossen und entfaltet sich vor dem Hintergrund der Berge in seiner ganzen Schönheit.
Dieses Bild zeigt die Weltsicht des Shintoismus. Die Natur ist nichts Fremdes, Feindliches und Bedrohliches. Denn der Mensch ist aus der Natur hervorgegangen und wird nach dem Tod wieder in der Natur aufgehen – wird ein Kami. Deshalb verehrt man Bäume, Pflanzen und Tiere als Urahnen und errichtet ihnen Schreine wie den von Itsukushima.
Die Heiligen Räume des Shintoismus sind keine Kirchen, Synagogen und Moscheen, sondern die Landschaft, in der man lebt und in deren Harmonie man aufgeht.
Der Shinto-Schrein von Itsukushima ist seit 1996 Teil des UNESCO-Welterbes.

Foto:
Shintau/Premium

Die Religiosität der Menschen im Tal von Kathmandu hat in den vergangenen tausend Jahren eine Vielzahl heiliger Stätten hervorgebracht – Tempel und Schreine von anrührender Schlichtheit, bewundernswerter handwerklicher Feinheit, aber auch von beeindruckender Größe und Strahlkraft.
In alle Himmelsrichtungen schauen die Augen Buddhas von der fast 40 Meter hohen Bodnath-Stupa. Die Augen erheben sich über einer Halbkugel, die von drei Sockeln getragen wird. Von oben sieht man, dass die Stupa einem Mandala gleicht, das in seiner konzentrischen Anordnung den Kosmos, die Welt der Götter und die Niederungen der Wirklichkeit versinnbildlicht.
Das Tal von Kathmandu gehört seit 1979 zum UNESCO-Welterbe.

Foto:
Imagestate/Premium

Eine alte Frau im Ganges. Sie reinigt sich von ihren Sünden. Das Wasser segnet sie, gibt ihr Kraft. Das Bild zeigt uns eine andächtige Stille, die man nur in einer Kirche erwartet. Berge und Flüsse sind Heilige Orte der Hindus.
Der Ganges ist seit über tausend Jahren der Heilige Fluss der Hindus. Er hat an seinen Ufern viele Orte, die Pilger anziehen: die Quellen im Gangotri-Gletscher und die Stadt bei Haridwar. In Allahabad, an der Mündung des Yamuna, kommen alle zwölf Jahre Hunderttausende zur Kumbh Mela zusammen, dem größten religiösen Fest der Welt, um sich zu reinigen. Als heiligster Ort des Flusses aber gilt Varanasi.

Foto:
Kazuyochi Nomachi

Wiedergeburt eines antiken Weltwunders

Vergleicht man die Freiheitsstatue mit den Kupferstichen des Kolosses von Rhodos, wirkt sie wie die Wiedergeburt des antiken Weltwunders. Für Millionen Einwanderer ist die Freiheitsstatue vor dem Hafen von New York das Symbol der Hoffnung, in Amerika eine neue Heimat zu finden. Entstanden ist diese Kolossalstatue in der Werkstatt des Bildhauers Frédéric-Auguste Bartholdi. In Handarbeit fertigte er aus zwei Millimeter starkem Kupferblech 350 Einzelteile, die anschließend per Schiff 1884 nach New York gebracht wurden. Dort wurden sie auf ein von Gustave Eiffel entworfenes Eisengerüst montiert, das der 47 Meter hohen Skulptur Stabilität verleiht.
1886 wurde die Freiheitsstatue als ein Geschenk der Republik Frankreich an die Vereinigten Staaten zum 100. Jahrestag ihrer Unabhängigkeit übergeben. Die Statue gilt überall in der Welt als ein Wahrzeichen der Freiheit und Gleichheit der Menschen aller Nationen und Weltanschauungen.
Die Freiheitsstatue ist seit 1984 Teil des UNESCO-Welterbes.

Foto:
Christian Heeb/laif

Aus dem Fels gewachsen

Am Ufer des Nils ließ der Pharao Ramses II. im 13. Jahrhundert v. Chr. den Felsentempel von Abu Simbel errichten. Auf beiden Seiten des Eingangs befinden sich je zwei 22 Meter hohe monumentale Skulpturen, die alle Ramses II. darstellen: „Ramses, Sonne der Herrscher", „Ramses, Herrscher beider Länder", „Ramses, der Geliebte des Amun", „Ramses, der Geliebte der Atum". Kein Herrscher der Welt hat sich zuvor in solch gigantischen Dimensionen als Gott verherrlichen lassen.
Wie der gesamte Tempel wurden auch die monumentalen Skulpturen Ramses II. aus dem Fels gemeißelt, so dass der Betrachter den Eindruck hat, sie seien aus dem Felsen gewachsen.
In den 1960er Jahren drohte der Tempel von Abu Simbel in den Fluten des Assuan-Staudamms zu versinken. Mit internationaler Hilfe wurde unter Führung der UNESCO der Tempel zusammen mit dem Tempel der Hathor gerettet. Sie wurden in 1036 Teile zerlegt und 64 Meter höher auf einem Plateau wieder aufgebaut.
Die nubischen Denkmäler von Abu Simbel bis Philae gehören seit 1979 zum UNESCO-Welterbe.

Foto:
Kord/Premium

Ein Parthenon für Menschen

Die Walhalla hoch über der Donau bei Regensburg wurde 1842 festlich eingeweiht. Der Architekt Leo von Klenze hatte sie nach dem Vorbild des antiken Parthenon-Tempels in Athen erbaut: als Ehrentempel und Ruhmeshalle. Aber es sind nicht, wie im Parthenon von Athen, Götter, die hier verehrt werden sollen, sondern „rühmlich ausgezeichnete Teutsche". 123 Büsten von Kaisern, Königen, Feldherren, Erfindern, Dichtern und Künstlern stehen an einem Ort, der in der Vergangenheit der heilige Raum für Götter war. An ihrer Statt stehen hier Hermann der Cherusker, König Heinrich I., Johann Wolfgang von Goethe, Peter Henlein, der Erfinder der Taschenuhr, Konrad Adenauer, Sophie Scholl und, seit 2010, Heinrich Heine.

Foto:
Achim Bednorz

Heiligenschrein der Demokratie

In den Black Hills in Süd-Dakota steht Mount Rushmore. Von 1927 bis 1941 sprengte und meißelte der Bildhauer Gutzon Borglum hier vier monumentale Porträts aus dem Felsen, die bedeutende Präsidenten der USA darstellen: George Washington, Thomas Jefferson, Theodore Roosevelt und Abraham Lincoln. Jeder der gigantischen Köpfe ist 18 Meter hoch, 450.000 Tonnen Gestein mussten vom Felsen abgetragen werden.
Millionen Menschen haben seitdem dieses gigantistische Werk am Mount Rushmore bewundert. Auf Tafeln können sie Ausschnitte aus Reden der vier Präsidenten lesen. Man nennt das Monument auch den „Heiligenschrein der Demokratie".
Doch der Felsen hat noch eine andere Geschichte: Bevor er nach einem New Yorker Anwalt namens Rushmore benannt wurde, der im 19. Jahrhundert die Goldschürfrechte an diesem Gebiet erworben hatte, war es ein heiliger Berg der Lakota-Indianer. In dem Felsen verehrten sie die Kräfte ihrer Urahnen und nannten ihn deshalb den „Berg der sechs Großväter".

Foto:
James Emmerson/Photolibrary

Monströse Fragmente

Die Monumentalstatue Kaiser Konstantins stand einst in der Apsis der ihm geweihten Basilika auf dem Forum Romanum in Rom. Als das Römische Reich zerfiel, wurden die meisten der alten Denkmäler zerstört. Dass wir heute Fragmente der Statue Kaiser Konstantins im Vatikanmuseum in Rom bewundern können, hat vermutlich seine Ursache darin, dass er wesentlich dazu beigetragen hat, dass das Christentum nach Jahren der Unterdrückung zur neuen Staatsreligion wurde. Viele Menschen, die beim Anblick von monumentalen Statuen Ehrfurcht empfinden, lächeln, wenn sie im Vatikanmusem die Fragmente der Skulptur Konstantins sehen, seine Zeigefinger umfassen und seine große Nase anfassen. An diesen monströsen Fragmenten fällt ihnen auf: Monumentalskulpturen sind maßlos. Sie überschreiten jenes menschliche Maß, dem die griechischen Bildhauer in Skulpturen wie dem Speerträger erstmals Gestalt gegeben haben.
Das Historische Zentrum von Rom und die Stätten des Heiligen Stuhls gehören seit 1980 zum UNESCO-Welterbe.

Foto:
David Clapp/Photolibrary

105

Das höchste Gebäude der Erde

Die Cheops-Pyramide war über Jahrtausende nicht nur das berühmteste Bauwerk der Welt, sondern auch das höchste. Erst im Mittelalter übertrafen die Türme der Kathedralen die Höhe des ägyptischen Monuments. Seither gibt es einen ehrgeizigen Wettlauf, immer höher zu bauen. Nicht der Himmel soll gestürmt werden, wie es uns die Geschichte vom Turmbau zu Babel erzählt, sondern man will zeigen, man ist auf der Erde der Größte, der alles Überragende. Bereits 300 Meter hoch ragte der Eiffelturm auf der Weltausstellung 1889 in den Himmel, ein Höhenrekord, der erst 1930 vom Chrysler Building gebrochen wurde. Der Burdsch Chalifa in Dubai ist seit dem 4. Januar 2010 mit 828 Metern das derzeit größte von Menschen geschaffene Bauwerk. Verglichen mit den Pyramiden der Antike, den mittelalterlichen Kathedralen und den großen islamischen Moscheen, ist der Wolkenkratzer in Dubai aber kein Heiliger Ort, an dem die Menschen mit ihren Göttern verbunden sind, sondern ein unheiliger, in dem Luxushotels, Einkaufsmeilen, Konzernzentralen triumphieren. Und: Die Pyramiden waren für die Ewigkeit gebaut. Beim Turm von Dubai rechnet man mit einer Lebensdauer von nicht mehr als 100 Jahren.

Foto:
Charles Crowell/
Bloomberg News/
Getty Images

106

Der Himmel auf Erden

Liest man die Geschichte der Entstehung der gotischen Kathedralen, so spürt man den unbedingten Willen der Baumeister, Kirchenräume zu schaffen, die so hoch, transparent und von Licht erfüllt sind wie der Himmel. Die Baumeister der Gotik wollten die Kathedralen aber nicht bis in den Himmel bauen wie die Erbauer des Turmes von Babylon, sondern auf Erden himmelsgleiche Kirchenräume schaffen.
Wer die im 14. Jahrhundert in Barcelona gebaute Kirche Santa Maria del Mar betritt, der staunt über ihre Transparenz. Nur wenige Säulen tragen das Gebäude. Sie wachsen in atemberaubende Höhen, wo sie, scheinbar anstrengungslos, das weit ausladende Gewölbe in sich aufnehmen.

Foto:
Achim Bednorz

107

Architektur als Gottesdienst

Viele Hochkulturen kennen Perioden, die zum Gigantismus neigen, in denen alle verfügbaren Kräfte bewegt werden, um größer, prachtvoller, höher zu bauen. Solch monumentale Bauwerke können, wie die ägyptischen Pyramiden, die Macht der Pharaonen verkörpern oder, wie beim Turm von Dubai, wirtschaftliche Macht. Der Gigantismus des islamischen Kalifen el-Mutawakkil im 9. Jahrhundert verstand sich als Gottesdienst. Das monumentalste Bauwerk seiner Zeit war die Große Moschee in Samarra mit seinem großen Minarett.
Das Minarett mit seiner spiralförmigen Rampe führt in fünf Umdrehungen bis nach oben auf eine Höhe von 55 Metern. Täglich stieg der Muezzin fünf Mal die Spiraltreppe hinauf, um von oben die Gläubigen zum Gebet zu rufen. Die ungewöhnliche Form des Minaretts ist vom babylonischen Stufenturm angeregt worden, wie er im Alten Testament beschrieben wurde. In der biblischen Geschichte bauen Menschen einen solchen Stufenturm, um in den Himmel zu kommen. Das Minarett von Samarra sollte Gottes Wort so weit wie möglich tragen.
Die archäologische Stadt Samarra, Irak, gehört seit 2007 zum UNESCO-Welterbe

Foto:
Henry Stierlin

108

Dynamik und Eleganz

Das Chrysler Building ist wohl das Gebäude, das sich dem Besucher New Yorks in dem Meer aus Wolkenkratzern am stärksten einprägt. Das liegt nicht an dessen Größe, obgleich es im Jahr seiner Einweihung 1930 mit 319 Metern ein Jahr lang das höchste Gebäude der Welt war. Es ist die Strahlkraft der Moderne, die das Gebäude so anziehend macht. Während die anderen Wolkenkratzer dieser Zeit zumeist historische Fassaden haben, wirkt das Chrysler Building durch seine chromblitzende, stromlinienförmige Eleganz wie ein Monument der Schönheit des Zeitalters des Automobils.
Doch während die Zeit der Straßenkreuzer vergangen ist, hat das Chrysler Building seine Strahlkraft nicht verloren. Seine Modernität ist durchdrungen von zeitlosen Formen, die uns auch an gotischen Kathedralen begeistern. Mit ganz ähnlicher Dynamik und Eleganz strebt das Chrysler-Gebäude himmelwärts. Auch gibt die spannungsvolle Gliederung der Fassade eine Leichtigkeit und Lebendigkeit, wie wir sie von der Gotik her kennen. Und nicht weniger bedrohlich als die gotischen Wasserspeier ragen acht Adlerköpfe aus dem Chrysler Building hervor.

Foto:
Joseph Sohm/Premium

109

Der höchste Kirchturm der Welt

Im Mittelalter war Köln die größte Stadt im Reich. Eine Metropole des Handels – aber auch ein Anziehungspunkt für Pilger, denn seit 1164 befanden sich hier die Gebeine der Heiligen Drei Könige. Klerus und Bürgertum wünschten sich gleichermaßen einen neuen Kirchenbau, der den französischen Kathedralen, die damals in aller Munde waren, in nichts nachstand. Als man mit dem Bau 1248 endlich begann, hatte man den Plan, das größte Gotteshaus zu schaffen. Man errichtete einen gewaltigen 5-schiffigen Bau mit Querschiff und schuf die statischen Voraussetzungen für den Bau der höchsten Kirchtürme Europas.
Aber der Bau musste immer wieder unterbrochen werden. Erst nach 74 Jahren war das Kirchenschiff fertig, nicht aber die Türme. Sie wurden erst, nachdem der Bau im 16. Jahrhundert eingestellt worden war, im 19. Jahrhundert gebaut. 1880 erfolgte die feierliche Einweihung, an der auch Kaiser Wilhelm I. teilnahm.
Für vier Jahre war der Dom nun wirklich der höchste Bau der Welt. Der Kölner Dom gehört seit 1996 zum UNESCO-Welterbe.

Foto:
Achim Bednorz

110_111

Wie eine Riesenschlange

Die „Große Mauer" ist mit mehr als 6.000 Kilometern Länge das gewaltigste von Menschen geschaffene Bauwerk. Nachdem der erste Kaiser China geeint hatte, begann er 214 v. Chr. mit dem Bau einer „langen Mauer", die das Land vor dem Eindringen der „Barbaren" aus dem Norden schützen sollte. Ihre heutige Gestalt erhielt die Mauer im 15. und 16. Jahrhundert. Wie eine Riesenschlange windet sie sich vom Gelben Meer über das nordchinesische Bergland und die Wüste Gobi bis zum Jiayuguan-Pass in der Provinz Gansu.
Sie umfasst 20.000 Wehranlagen.
Die „Große Mauer" ist ein gigantisches Bauwerk, das sich trotz seiner enormen Ausmaße harmonisch in die Landschaft Chinas einfügt.
Die „Große Mauer" in China gehört seit 1987 zum UNESCO-Welterbe.

Foto:
Best View Stock/Photolibrary

112

Kräfte, die wir nicht begreifen

In allen Zeiten haben die Menschen gigantische Bauwerke geschaffen. Der Steinkreis von Stonehenge in der Hochebene von Salisbury gehört dazu. Mindestens 3.000 Jahre alt ist die aus riesigen Monolithen bestehende Anlage, deren Steine aus einem über 300 Kilometer entfernten Steinbruch in Wales herangeschafft wurden. Stonehenge zieht jährlich Millionen Menschen magisch an, weil sie spüren, dass hier Kräfte gewirkt haben, die wir noch immer nicht begreifen. Nach einer Legende hat der Zauberer Merlin den Steinkreis geschaffen. Wissenschaftler haben lange nach dem Volk gesucht, das in Europa über die technischen Voraussetzungen verfügte, ein solches Werk zu vollbringen. Erst spät erkannte man, die Ureinwohner haben Stonehenge errichtet, und zwar in einer Anordnung, die es ihnen ermöglichte, den Verlauf der Sonne zu verfolgen, Sonnen- und Mondfinsternis vorauszusagen und die Sommer- und Wintersonnenwende präzise zu berechnen. Erst wenn wir die schöpferischen Kräfte der Menschen in ihrer Frühzeit nicht unterschätzen, werden wir erfahren, über welche erstaunlichen Fähigkeiten sie verfügten und welche gigantischen Bauwerke sie außer Stonehenge schufen. Stonehenge und Avebury gehören seit 1986 zum UNESCO-Welterbe.

Foto:
Tom Mackie/Interfoto

113

Brot und Spiele

Das Kolosseum in Rom hat die Form einer Ellipse: 188 Meter lang, 156 Meter breit und 48 Meter hoch. Es fasste 60.000 Besucher, von denen jeder in wenigen Minuten direkt durch die 80 Eingänge und eine Vielzahl Treppen zu seinem Sitzplatz kam. Im Jahre 80 wurde es mit einem 100 Tage dauernden Spektakel eröffnet. Das Kolosseum war nicht wie die großen Tempel für kultische Zwecke gebaut, sondern zur Unterhaltung und Entspannung der Bevölkerung Roms. Hier veranstaltete man Gladiatorenkämpfe, Tierhetzen und Seeschlachten. Die Manege ließ sich in ein Sportfeld verwandeln, einen riesigen Käfig oder, wenn man sie flutete, in eine große Wasserfläche.
In Griechenland brauchten die Besucher für den Besuch der antiken Tragödien im Amphitheater nichts zu bezahlen, weil man sich davon eine moralische Bildung der Bürger versprach. In Rom war der Besuch des Kolosseums kostenlos, weil das Volk durch blutrünstige Spiele und sportliche Wettkämpfe von seinen alltäglichen Sorgen und Nöten abgelenkt werden sollte. „Panem et circenses", Brot und Spiele: Das war der Grund für den Bau dieses monumentalen Gebäudes.
Finanziert wurde der Bau des Kolosseums mit dem geraubten Goldschatz aus dem Tempel von Jerusalem.
Das Kolosseum in Rom gehört seit 1980 zum UNESCO-Welterbe.

Foto:
Kord/Photolibrary

114

Ein Tal wird überbrückt

Fünfzig Kilometer beträgt der Weg des Wassers von der Quelle durch Gräben und Tunnel bis in die antike römische Stadt Nimes in Südfrankreich. Die größte ingenieurtechnische Herausforderung bei der Schaffung einer Wasserleitung über diese Strecke war der Bau des Pont du Gard, eines Aquädukts, das das Flusstal des Gardon überbrückt.
Gebaut wurde der Pont du Gard zwischen 40 und 60 n. Chr. Das Aquädukt ist 275 Meter lang und verläuft rund 50 Meter über dem Fluss in drei Etagen. Während die unteren zwei Bögen aus großen Steinblöcken, die bis zu 6 Tonnen wiegen, fugenlos zusammengefügt sind, besteht der obere Bogen, der die Wasserleitung trägt, aus kleineren Steinen.
Wenn wir von den Meisterwerken menschlicher Baukunst sprechen, wird oft vergessen, dass die meisten Innovationen bei der Schaffung von Zweckbauten wie Brücken, Straßen, Verteidigungsanlagen und Abwassersystemen erreicht wurden.
Das römische Aquädukt Pont du Gard gehört seit 1985 zum UNESCO-Welterbe.

Foto:
Christian Bäck/Bildagentur Huber

115

Die unmögliche Brücke

Seitdem sie nach fünfjähriger Bauzeit 1937 der Öffentlichkeit übergeben wurde, zieht die Golden Gate Bridge in San Francisco jährlich unzählige Schaulustige an, die die großartige ingenieurtechnische Leistung bewundern, aber auch deren Schönheit. Nur wenige technische Bauten verbinden sich so harmonisch mit der Landschaft wie diese Brücke, die über dem Wasser zu schweben scheint. Man hat diesen Brückenbau auf Grund der starken Meeresströmungen, der orkanartigen Winde und der Erdbebengefahr lange für unmöglich gehalten. Doch die Brücke hat all diesen Naturkräften bis heute standgehalten. Bei starken Orkanen schaukeln sich die Seitenränder allerdings manchmal bis zu 3 Meter hoch.
Die Golden Gate Bridge ruht auf zwei mächtigen Pfeilern, über denen sich je ein 227 Meter hoher Stahlpylon erhebt, an denen die aus 27.000 Einzeldrähten gefertigten, 91 Zentimeter starken Hängekabel angebracht sind. Sie tragen die 2,8 Kilometer lange Brücke. An ihrem ersten Betriebstag im Jahre 1937 überquerten 32.000 Fahrzeuge die Brücke. Heute sind es täglich mehr als 100.000.

Foto:
Thomas Winz/Premium

117

Ein Mausoleum, das die Liebe unsterblich macht

Die meisten Mausoleen erinnern an Götter, Kaiser, Heerführer oder Gelehrte – sie sollen sie unsterblich machen. Das Mausoleum Tadsch Mahal macht das Gefühl der Liebe unsterblich.
Schah Jahan ließ Tadsch Mahal als Grabstätte für seine Frau Mumtaz Mahal errichten, die 1631 bei der Geburt ihres 14. Kindes starb. Es sollte das prächtigste Grabmal werden, das die Welt je gesehen hat. Die bedeutendsten Baumeister, Steinmetze, Marmorbildhauer und Mosaikkünstler wirkten an der Entstehung des einzigartigen Gebäudes mit. Kostbarste Materialien wie Jade, Kristall, Türkis und Lapislazuli wurden auf den fernöstlichen Handelswegen aus China, Tibet, Afghanistan und Ägypten geholt.
Das Gebäude, das sich auf einem Podest aus Marmor erhebt, ist von gewaltiger Größe. Aber seine ausgewogene Symmetrie, die maßvollen Proportionen und die Spiegelung in der paradiesischen Gartenanlage mit ihrem großen Wasserbecken lassen es leicht und schwebend erscheinen.
In den strahlend weißen Marmor sind feingliedrige Intarsien aus schwarzem Marmor und Halbedelsteinen eingelassen, die pflanzliche Motive darstellen und das ganze Gebäude zieren.
Agra, Tadsch Mahal in Indien gehört seit 1983 zum UNESCO-Welterbe.

Foto:
Ocean/Corbis

118

Symbol der Vergänglichkeit

Das Reich der Khmer herrschte vom 9. bis zum 15. Jahrhundert über ganz Südostasien. Die Herrscher über das Reich wurden den hinduistischen Traditionen entsprechend als Gottkönige verehrt. Ihnen wurden zu Lebzeiten prachtvolle Mausoleen gebaut. Die prachtvollste Grabanlage ist das dem Gott Vishnu geweihte Angkor Wat.
Es verkörpert das Weltbild des Hinduismus: Ein 100 Meter breiter Wassergraben, der das Weltmeer symbolisiert, umschließt den Tempelbereich, der aus einer dreistufigen Pyramide besteht, die den Weltenberg Meru verkörpert. Die Pyramide ist reich verziert und mit über 1.500 Reliefs versehen, die Szenen aus dem Leben des Vishnu und des Gottkönigs Suryavarman II. zeigen. Auf der obersten Stufe der Pyramide erheben sich fünf Türme; im höchsten Turm trohnt der mit Vishnu vereinte Gottkönig Suryavarman II.
Im 14. Jahrhundert zerfiel sein Reich und Angkor Wat geriet in Vergessenheit, der Dschungel breitete sich über dem Tempel aus. Die Natur verschlang den für alle Ewigkeit gebauten Tempel. Erst im 19. Jahrhundert wurde Angkor Wat wiederentdeckt.
Die Ruinen von Angkor Wat sind in ihrer Durchdringung von Architektur und Natur Symbol der Vergänglichkeit menschlicher Machtentfaltung.
Angkor in Kambodscha gehört seit 1992 zum UNESCO-Welterbe.

Foto:
Samuel Zuder

119

Jede Figur ist einzigartig

Das Mausoleum des ersten Kaisers von China, Qin Shi Huang, ist größer als die Totenstadt im ägyptischen Memphis.
221 v. Chr. wurde mit seinem Bau begonnen. 700.000 Arbeiter, Handwerker und Künstler aus allen Provinzen Chinas schufen in nur 37 Jahren eine gigantische Totenstadt, die aus palastartigen Räumen, Flüssen und Seen bestand. Bewacht wurde sie von 8.000 aus Terrakotta geschaffenen Kriegern. Das Gesicht jeder einzelnen der Figuren ist individuell ausgeprägt.
Im Laufe der Zeit zerfiel diese Terrakotta-Armee in Scherben. In den vergangenen Jahrzehnten konnten jedoch viele der Figuren restauriert werden. Sie gehören heute zu den meistbewunderten Kunstwerken der Menschheit.
Nur ein Teil der Totenstadt ist bisher erforscht und rekonstruiert.
Das Grabmal des ersten Kaisers von China gehört seit 1987 zum UNESCO-Welterbe.

Foto:
Best View Stock/Photolibrary

120

Denkmal der Entdecker

Das „Denkmal der Entdecker" in Belem bei Lissabon ist ein Marmorkoloss, aus dem ein Schiffsbug ragt. Darauf sind die Helden der portugiesischen Seefahrt des 15. und 16. Jahrhunderts zu sehen: Heinrich der Seefahrer, Vasco da Gama, Petro Alvarez Cabal, Fernao de Magalhaes.
Es ist ein Denkmal, das die Taten der Entdecker pathetisch feiert – und dabei verschweigt, was sie den Völkern der neuen Welt gebracht haben: Intoleranz, Unterdrückung und Ausbeutung.
Touristen bestaunen das monumentale Denkmal und verfolgen die in einem Mosaik verzeichneten Reiserouten der Entdecker. Es sind jene Routen, auf denen Jahrhunderte lang das „Schwarze Gold" gehandelt wurde. Denn infolge der ruhmreichen Entdeckungen kam es zum Pakt des spanischen und des portugiesischen Königshauses mit dem Papst in Rom, der die neue Welt zwischen ihnen aufteilte und den Sklavenhandel legalisierte. Auf einer der Routen befindet sich die Insel Gorée. Die Insel wurde nacheinander von Portugiesen, Engländern und Franzosen beherrscht. Vom 16. bis zum 19. Jahrhundert wurden allein von Gorée aus 20 Millionen Sklaven verkauft. Als der Papst den Vertrag mit den Herrschern von Spanien und Portugal absegnete, schuf Michelangelo seine Skulptur „Der Sklave".
Die Insel Gorée in Senegal gehört seit 1978 zum UNESCO-Welterbe.

Foto:
John Arnold/Photolibrary

121

Kopf eines sterbenden Barbaren

Im Innenhof des Zeughauses in Berlin sind seit dreihundert Jahren 22 „Köpfe sterbender Krieger" zu sehen, die von Andreas Schlüter geschaffen wurden. Der Auftrag des Königs von Preußen war die „Verherrlichung der Kriegskunst". Die Gesichter zeigen in erschreckender Deutlichkeit den Todeskampf der Krieger. Es sind nicht die Gesichter preußischer Soldaten, sondern die „ruhmreich besiegter Feinde". Die Köpfe hängen im Innenhof des Zeughauses als „Kriegstrophäen" Preußens – und sind gleichzeitig ein erschütterndes Zeugnis der Todesqualen von 22 Menschen.
Das Bild zeigt den „Kopf eines sterbenden Barbaren" in einer Weise, die dem Gesicht im Todeskampf menschliche Würde verleiht. Andreas Schlüter hat in diesen „Köpfen der sterbender Krieger" Barbaren und Feinde im Tod als leidende Menschen verklärt, die beim Betrachter Mitgefühl und Mitleid erwecken.
Der Abguss der Skulptur „Kopf eines sterbenden Barbaren" entstand in der Gipsformerei der Staatlichen Museen Berlin.

Foto:
Thomas Wolf

122

Denkmal für die ermordeten Juden Europas in Berlin

Das Denkmal besteht aus 2.700 Stelen, die in einem Raster auf einer Fläche von 19.000 Quadratmetern angeordnet sind. Die Stelen sind unterschiedlich hoch – zwischen 50 und 450 Zentimetern – wodurch das gesamte Stelenfeld eine wellenförmige Gestalt erhält.
Für den, der es betritt, gibt es keinerlei Wegführung. Für jeden Schritt in diesem Labyrinth ist er selbst verantwortlich und auch für das, was er auf seinem Weg zwischen den Steinen denkt und empfindet.
Unter dem Stelenfeld gibt es einen „Raum der Familien", in dem die Schicksale von 15 jüdischen Familien erzählt werden. Vertieft man sich in ihr Leben, in ihre Freuden, Ängste und Hoffnungen, dann spürt man: Es bedarf solcher Monumente der Erinnerung, um erlebbar zu machen, wie jeder Einzelne Geschichte als persönliches Schicksal erfährt.

Foto:
Thomas Wolf

123

Die Uhr von Chiyoko Nakata

Chiyoko Nakata lebte in Hiroshima und war 1945 29 Jahre alt. Am 6. August war sie zu Hause. Ihre Schwester Masako war am Vortag evakuiert worden und befand sich, als die Atombombe über Hiroshima abgeworfen wurde, in Sicherheit. Am nächsten Tag wollte sie ihrer Schwester Wasser bringen. Das Haus war abgebrannt, von ihrer Schwester waren nur die Asche und diese Armbanduhr geblieben. Die Uhr von Chiyoko Nakata gehört heute dem Hiroshima Peace Memorial Museum.
Die Bombe, die den Namen „Little Boy" trug, explodierte um 8 Uhr 16 und 2 Sekunden. 43 Sekunden später hatte die Druckwelle der Bombe bereits 80 Prozent der Innenstadt von Hiroshima dem Erdboden gleich gemacht. Unterdessen stieg der für Atombombenexplosionen charakteristische Atompilz bis zu 13 Kilometer in die Höhe und fiel als radioaktiver Ascheregen auf die Stadt.
70.000 bis 80.000 Menschen waren sofort tot. Insgesamt starben beim Abwurf und an den Spätfolgen der Bombe nach verschiedenen Berechnungen zwischen 90.000 und 160.000 Menschen. Das Friedensdenkmal in Hiroshima ist seit 1996 Teil des UNESCO-Welterbes.

Foto:
Thomas Wolf

125

Ein Garten wie der in Babylon

Zur Alhambra in Granada gehört der Generalife-Palast mit seinen zauberhaften Gärten. Hier hat die Architektur die Funktion, die Schönheit der Natur erlebbar zu machen. Sie umschließt schützend diesen paradiesischen Garten, in dem sich aus den Fontänen eines langen Beckens das Wasser ergießt, das die Sträucher, Pflanzen und Blumen üppig wachsen lässt. Das Wasser als reinigende und Leben spendende Kraft ist in diesem islamischen Garten allgegenwärtig. Es kommt aus einem Felsen oberhalb des Gartens, zu dem mehrere Terrassen hinauf führen. Von hier fließt das Wasser, sich auf jeder Terrasse verzweigend, durch den gesamten Garten hinunter zu den Fontänen des Patio de la Acequia – und hier lässt sich die Schönheit der Hängenden Gärten von Babylon erahnen.
Die Gärten von Generalife gehören seit 1984 zum UNESCO-Welterbe

Foto:
Achim Bednorz

126

Eine Feier der Schönheit der Natur

„Selig ist das Auge, das diesen Garten der Schönheit sieht", ist am Beckenrand des von zwölf steinernen Löwen getragenen Brunnens im Löwenhof der Alhambra in Granada zu lesen. Es ist ein Paradiesgarten, in dem sich Natur und Architektur durchdringen. In der Mitte steht der Brunnen, aus dem Wasser, eingebettet in kostbaren Marmor, in die vier Himmelsrichtungen fließt, um die ganze Erde fruchtbar zu machen.
„Es vermischen sich Flüssiges und Festes, Wasser und Marmor, und unser Auge weiß nicht, welches von beiden dahingleitet".
Umgeben ist der Innenhof von schwerelos erscheinenden Marmorsäulen, die Stalaktitendecken tragen. Die Wände der angrenzenden Räume sind voller Ornamente, deren Formen der Natur entnommen sind. Dieser paradiesische Ort ist eine Feier der Schönheit und Reinheit der Natur.
Die Altstadt von Granada, die Alhambra und der Generalife-Palast gehören seit 1984 zum UNESCO-Welterbe.

Foto:
Henri Stierlin

127

„Viel Gräser und liebliche Blumen"

Im Kreuzgang von Santo Domingo de Silos im Norden Spaniens finden wir eine ähnliche Grundgestalt wie in den maurischen Gärten von Granada: In der Mitte steht der Brunnen des Lebens, davon ausgehend führen Wege in die vier Himmelsrichtungen. Ein Kreuzgang umschließt den Innenraum. Wir wissen nicht, welche Bäume, Pflanzen und Blumen hier gewachsen sind, denn mittelalterliche Gärten in ihrer ursprünglichen Form haben sich nicht erhalten.
Albertus Magnus, der bedeutende Gelehrte des Mittelalters, hat über den Garten geschrieben, dass in ihm nicht nur Nutzpflanzen und Heilkräuter ihren Platz haben sollen, sondern auch „viel Gräser und liebliche Blumen", an deren Anblick und Geruch „sich die Sinne erholen können und wo man sich ergötzlich ausruhen kann". Das Gemälde „Das Paradiesgärtlein" des Oberrheinischen Meisters aus dem Städelschen Kunstinstitut in Frankfurt zeigt uns Maria mit dem Christusknaben zusammen mit Engeln inmitten eines Gartens voller Bäume, Pflanzen, Blumen und Tiere. Das Paradies, sagt dieses Bild, ist ein von der Welt abgeschlossener Ort, in dem die Menschen in Harmonie mit der Natur leben.

Foto:
Achim Bednorz

128	129	130	131	132

In Kräutern und Steinen ist Gott	**Die Natur als Ornament**	**Der Garten des Malers**	**Zurück zur Natur**	**Palmenhäuser aus Eisen und Glas**

166_167

Der Kreuzgang der Quinta dos Azulejos in Lumiar bei Lissabon ist im 18. Jahrhundert entstanden. Angeregt wurde der Garten, in dem sich die Farben der Natur und die der Keramik überbieten, vom Kreuzgang des Chiostro delle Maioliche von Santa Chiara in Neapel. Wir finden hier Schönheit dargestellt als Bewunderung der schöpferischen Kräfte Gottes, welche die wunderbare Vielfalt und Farbigkeit der Welt hervorbrachten.
Die mit Tausenden von Kacheln bedeckten Wände und Säulen erzählen Geschichten aus dem Leben der Götter und Menschen in paradiesischer Landschaft. In solchen barocken Gärten werden alle Sinne angesprochen. Naturbewunderung wird hier sinnlicher Gottesdienst. „In verbis, in herbis et in lapidus est deus", lautet eine Spruchweisheit aus dem 16. Jahrhundert: In Worten, in Kräutern und in Steinen ist Gott.

Foto:
Marcus Bassler

Der Garten des Castello Ruspoli in Vignanello in Italien ist ein barockes Kleinod. Es fehlen ihm die theatralischen Wasserspiele und die überwältigende Monumentalität der großen Barockgärten, aber deren Schönheit findet sich hier in intimer Form besonders ausgebildet. Bäume, Sträucher und Blumen sind so angeordnet, dass sie innerhalb einer streng symmetrischen Grundordnung vielfältige geometrische und ornamentale Formen bilden, deren Variabilität und spielerische Leichtigkeit im Garten des Castello Ruspoli überzeugend zum Ausdruck kommen. Symmetrisch und klar gegliedert waren auch schon die maurischen Gärten und die mittelalterlichen Klostergärten. Aber innerhalb deren Ordnung konnten sich die Pflanzen und Blumen ihrer Natur gemäß entfalten. Im Barockgarten aber wurden sie so gezüchtet, gepflanzt und beschnitten, dass sie ihre Natürlichkeit verloren, um zu einem Teil eines großartigen Ornaments zu werden.

Foto:
Marcus Bollen

Der impressionistische Maler Claude Monet schuft sich in Giverny sein eigenes Paradies. Er pflanzte die Bäume und Blumen, die sein Gemüt bewegten, und malte in diesem Garten, was seine Augen beim immer neuen Betrachten der sich beständig verändernden Natur sahen.

„Mit einem Wort, dieser Garten war Monets Freilichtatelier. Er hatte daraus keine Theorie abgeleitet. Er hatte einfach gelernt, die Länder zu durcheilen, überall die Natur zu erfassen. Es ist nicht nötig zu wissen, wie er seinen Garten anlegte. Sicher ist wohl, dass er ihn so gestaltete, wie sein Auge es ihm nach und nach bei dem Drang nach Befriedigung seines Farbenbedürfnisses befahl."
(Georges Clemenceau)

Foto:
Achim Bednorz

Die beginnende Industrialisierung entwickelte das Bedürfnis nach einer Gartengestaltung, die Bäume, Pflanzen und Blumen nicht in architektonische und geometrische Formen zwängt, sondern die ihre Vorbilder in der Natur findet. Diese Bewegung des Landschaftsgartens ging im 19. Jahrhundert von England aus und fand in Deutschland in Fürst Pückler einen glühenden Vertreter. Er verwirklichte den Weg zurück zur Natur in den Landschaftsgärten von Muskau und Branitz.
Der Landschaftsgarten war für ihn ein Kunstwerk, das wie das Gemälde einer Landschaft entsteht. Der Gestalter wählt aus der realen Landschaft die schönsten Ansichten aus und schafft daraus – seinem Natur- und Schönheitsempfinden gemäß – eine ideale Landschaftskomposition. Hunderte Arbeiter beschäftigte Fürst Pückler in Branitz, die die Landschaft nach seinen Vorstellungen durch umfangreiche Erdarbeiten modellierten, Seen anlegten und den Lauf von Flüssen veränderten. Mehr als 300.000 Bäume wurden gepflanzt. Wie in anderen Landschaftsparks sind auch in Branitz bedeutende historische Monumente in die Komposition einbezogen, darunter die Pyramide im See, die er in Erinnerung an seine verstorbene Frau errichten ließ.

Foto:
Florian Monheim/
Bildarchiv Monheim

Kew Gardens bei London ist mit dem ganz aus Stahl und Glas gebauten Palmenhaus ein Meisterwerk der Ingenieurbaukunst des 19. Jahrhunderts. Das von Decimus Burton und Richard Turner um 1850 gebaute imposante Gebäude besteht aus vorgefertigten Eisen- und Glaselementen, die am Standort in kurzer Zeit montiert wurden. Es war eine revolutionäre Bauweise, die überall in Europa aufgegriffen wurde. Man konnte mit den variablen Elementen aus Eisen und Glas nicht nur Gebäude von einzigartiger Transparenz und Leichtigkeit bauen, sondern sie auch entsprechend ihrer Funktion in ganz unterschiedlicher Größe und Gestalt errichten.
Für die Gartengestalter erfüllte sich mit diesen monumentalen Eisen-Glas-Konstruktionen ein Traum. Sie konnten nun endlich dem Publikum exotische Pflanzen und tropische Bäume als lebende Zeugnisse der einzigartigen Flora der immergrünen Regenwälder das ganze Jahr hindurch leibhaftig vor Augen führen. Die Palmenhäuser wurden überall in Europa begeistert aufgenommen.
Die Königlichen Botanischen Gärten von Kew, Großbritannien, gehören seit 2003 zum UNESCO-Welterbe.

Foto:
Richard Ashworth/Photolibrary

133

Das Paradies in den Tropen

Mit der Industrialisierung und dem Verschwinden der Natur in den Städten wuchs im 19. Jahrhundert bei vielen Menschen die Sehnsucht nach Orten, an denen die Natur noch unberührt ist. Die tropischen Regenwälder, von denen die Forscher begeistert berichteten, faszinierten die Menschen. Das Exotische, Fruchtbare, Wilde dieser Wälder erregte ihre Fantasie, die Tropen wurden verklärt zu einem Naturparadies.
Es war deshalb eine Sensation, als das Palmenhaus in Kew Gardens eröffnet wurde. Was die Menschen bisher nur aus Berichten und von Kupferstichen kannten, entfaltete sich nun als Palmenlandschaft real vor ihren Augen – das ganze Jahr hindurch und bequem mit der Eisenbahn zu erreichen.
Das Bild zeigt einen vorwiegend aus Palmen bestehenden Regenwald in Australien. Die hohe Luftfeuchtigkeit, die vom Pazifischen Ozean herangeführt wird, erfüllt den Wald meist mit Nebel. Diesen Nebelwald nennen die Aborigenes „Eungella": Heimat der Wolken.
Die Schutzgebiete des gemäßigten und tropischen Regenwaldes in Australien gehören seit 1986 zum UNESCO-Welterbe.

Foto:
Günter Ziesler

134

Mein Vorbild ist ein Baum

„Mein Vorbild ist ein Baum. Er trägt Äste und Blätter, und jedes Teil wächst harmonisch. Dieser Baum braucht keine äußere Hilfe. Alle Dinge sind in sich ausbalanciert. Die Dinge sind im Gleichgewicht."
(Antonio Gaudi)

Die Sagrada Familia, dieser gewaltige Kirchenbau in Barcelona, an dem 85 Jahre nach dem Tod Antonio Gaudis noch immer gebaut wird, ist ein Weltwunder unserer Zeit. Gaudi wollte darin wieder vereinen, was seit Jahrhunderten getrennt ist: Architektur und Natur. Er wollte, dass seine Kathedrale wie ein Baum wächst. Die Pfeiler streben wie Baumstämme nach oben und die sich verzweigenden Äste stützen Gewölbe und Wände. Überall finden sich hier Formen, die Gaudi der Natur entlehnt hat. Es sind nicht nur die organischen Formen der Bäume und Pflanzen, sondern auch anorganische aus der Welt der Gesteine. So wird das Südportal von der Tropfenform bestimmt, die Gaudi in den Tropfsteinhöhlen mit ihren Stalaktiten und Stalagmiten gefunden hat. „Eine Predigt aus Stein" soll diese Kirche sein – ein Gesamtkunstwerk, das die Versöhnung der Natur und der Baukunst feiert.
Die Werke von Antonio Gaudi in Spanien gehören seit 1984 zum UNESCO-Welterbe.

Foto:
SuperStock

135

Ein magischer Ort

Millionen Menschen reisen jährlich zu den magischen Orten unserer Erde. Sie wollen die Meisterwerke der menschlichen Baukunst erleben und die Kräfte der Natur, die den Kreislauf des Lebens bewegen. Es sind keine Pilger, die den Weg zu den heiligen Stätten genau kennen. Es sind Suchende, die so viel wie möglich über unsere Welt heute wissen wollen und darüber, wie sie entstand und sich entwickelt hat. Neugierde treibt sie, aber auch die Sehnsucht, auf all diesen Reisen einmal einen Ort zu finden, an dem sie sich aufgehoben fühlen. Vielleicht ist diese Höhle auf der mexikanischen Halbinsel Yukatan für den Mann, der in dem glasklaren Wasser schwimmt und mit dem Lichtstrahl zu verschmelzen scheint, solch ein magischer Ort.

Foto:
John Stanmeyer/VII Photo

IMPRESSUM

AUSSTELLUNG **KATALOG**

Gesamtleitung
Jeanette Schmitz

Konzeption und Ausstellungsgestaltung
Peter Pachnicke, Wolfgang Volz

Wissenschaftliche Beratung
Ulrike Stottrop, Thomas Gerken

Regenwaldskulptur
Wolfgang Volz

Lichtgestaltung
Herbert Cybulska

Musik
Sebastian Studnitzky

Bau des Regenwaldbaumes
CLOSTERMANN design
SEILPARTNER

Auswahl der Fotografien
Peter Pachnicke, Judith Schüller

Videoschnitt
Thomas Wolf

Plakat- und Flyergestaltung
Uwe Loesch

Presse- und Öffentlichkeitsarbeit
Thomas Machoczek

Pädagogik
Sabine Falkenbach

Wissenschaftlich-organisatorische Mitarbeiter
Sascha Bast, Marco Dorr, Kirsten Galert

Gästeführungen
Sascha Thiemann

Ausstellungsaufbau
Norbert Greser, Christoph Imiolczyk

Fotoherstellung
PRINT:effexx

Fotohängung
ICS Vertical

Layoutarbeiten
Gitta Hülsmann

Ausstellungsbauten
Tischlerei Deflieze, Jost Elektrotechnik,
Schlosserei Nehring

Ausstellungstechnik
KunstKulturTechnik, Four Visions

Übersetzung
David Moss

Konzeption
Peter Pachnicke, Wolfgang Volz,
Jeanette Schmitz

Gestaltung
Volker Pecher

Bildbeschaffung
Judith Schüller

Bildlegenden
Peter Pachnicke, Ulrike Stottrop,
Udo Scheer

Lektorat
Thomas Machoczek

Übersetzung
Roy Kift

Bildnachweis
Wolfgang Volz: S. 137, 139
Thomas Wolf: S. 1, 9, 44, 75, 78, 121, 136, 138, 140, 168
Louie Psihoyos/Agentur Focus: S. 144
Bednorz-Images, mit freundlicher Genehmigung von h.f.ullmann Publishing
Die Reproduktion der Kupferstiche der Sieben Weltwunder wurden dem Buch entnommen: Fischer von Erlach: Entwurff einer historischen Architektur. Leipzig, 1725

Herstellung
Klartext Verlag, Essen
Druckerei Himmer AG, Augsburg

ISBN
978-3-8375-0516-0

© by Gasometer Oberhausen GmbH sowie den Autoren.
Bildrechte im Textteil.

Weitere Informationen
www.gasometer.de

VERANSTALTER **PARTNER** **SPONSOR** **MEDIENPARTNER**